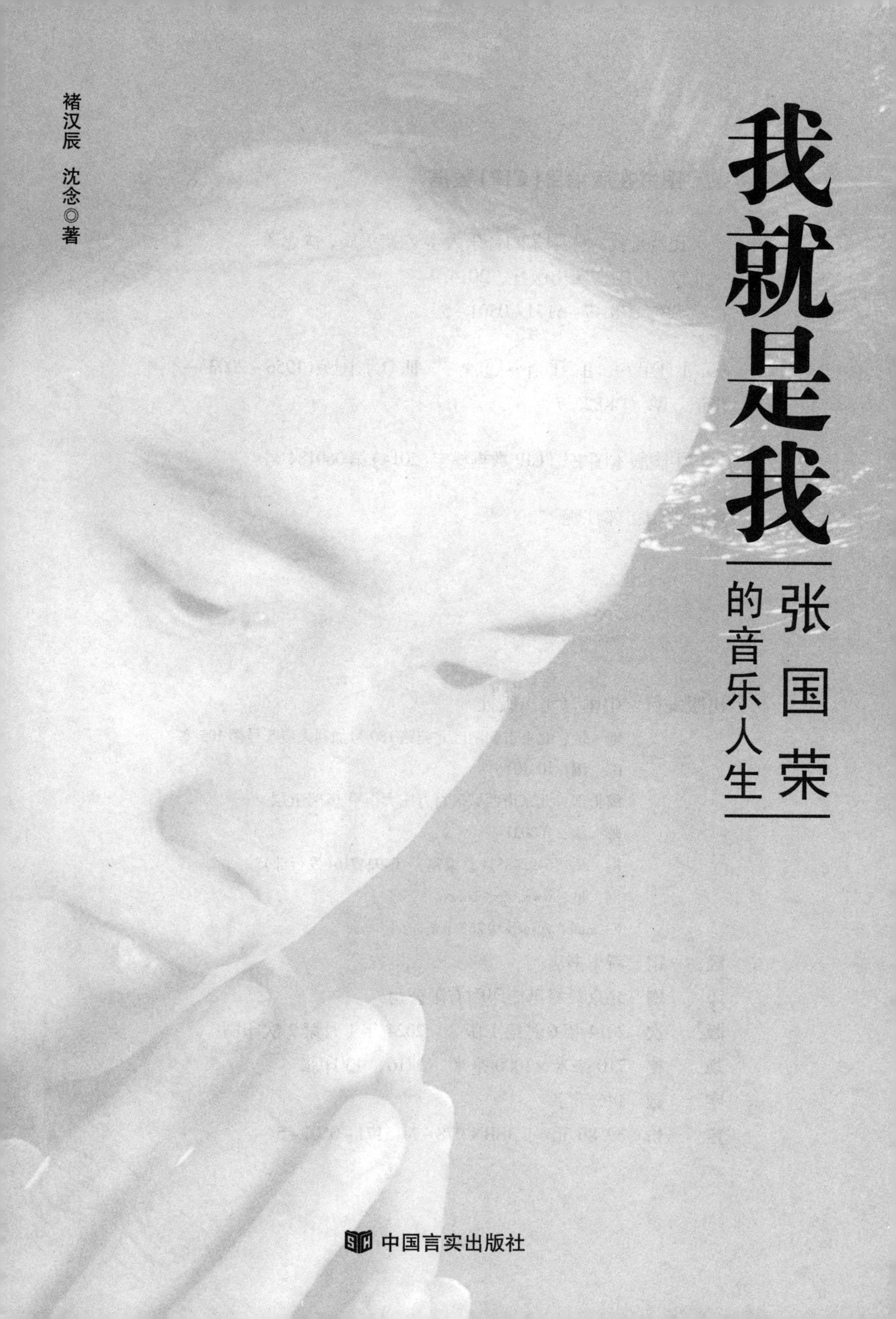

我就是我

张国荣的音乐人生

褚汉辰　沈念◎著

中国言实出版社

图书在版编目(CIP)数据

我就是我：张国荣的音乐人生 / 褚汉辰，沈念著.
—北京：中国言实出版社，2014.4
ISBN 978-7-5171-0501-5

Ⅰ. ①我… Ⅱ. ①褚… ②沈… Ⅲ. ①张国荣(1956~2003)-传记 Ⅳ. ①K825.7

中国版本图书馆 CIP 数据核字(2014)第 060184 号

责任编辑： 郭江妮

出版发行 中国言实出版社
地　址：北京市朝阳区北苑路 180 号加利大厦 5 号楼 105 室
邮　编：100101
编辑部：北京市西城区百万庄大街甲 16 号五层
邮　编：100037
电　话：64924853(总编室)　64924716(发行部)
网　址：www.zgyscbs.cn
E-mail：zgyscbs@263.net

经　销 新华书店
印　刷 北京毅峰迅捷印刷有限公司
版　次 2014 年 6 月第 1 版　2024 年 1 月第 2 次印刷
规　格 710 毫米×1000 毫米　1/16　13 印张
字　数 146 千字
定　价 39.80 元　ISBN 978-7-5171-0501-5

序

风里笑着风里唱

2014 年 4 月 1 日，是张国荣先生离开我们十一周年的日子。

2003 年至今，十余年的时间，华语乐坛与影坛也各自迎来了新世纪后的“巅峰偶像”高潮。不仅如此，外埠偶像大肆进军，来自日、韩、欧、美的歌手、演员们，如滔天大浪席卷着华人娱乐市场，赢得了一批又一批华人年轻粉丝。

十余年过去了，娱乐圈也已焕然一新，十年前还是“新人王”的偶像们，如今有的已是演艺圈的天王、天后，有的早已淡出人们的视线，不知所踪。娱乐圈是一个从不缺少偶像、从不缺少崇拜的地方，纵然一代巨星，最终也唯有功成身退，而渴求偶像的一代代年轻人，他们总是走在追逐全新偶像的道路上，前仆后继，络绎不绝。

然而，张国荣这个活跃在八九十年代的艺人，却在其他同时代偶像被抛至脑后的现在，依然被人们深刻铭记。十年里，人们对他的怀念有增无减，没有经历过他的时代、甚至在他去世前都没听说过他的“新一代”，也纷纷加入“荣门”。贴吧、微博，还有各类社交网站，都能见到“后荣迷”（张国荣去世后成为他歌迷、影迷的人）的身影，甚至在某些程度上，85后、90后乃至95后“后荣迷”的势力已经开始渐渐超越他们的前辈。

很多分析者说，人们对张国荣的痴迷和怀念很大程度上来自于从众心理和死亡崇拜，或者说喜欢张国荣在某种意义上代表着自己拥有不错的文化修养——这显然是无稽之谈、荒谬至极。可是，如果对张国荣的艺术成就缺乏足够了解，似乎也就没有了什么辩驳的理由。毕竟，张国荣的眉目如画、人格魅力，都还不足以支撑起他艺术家的本质身份。而对一个艺术家的尊重，不仅要取决于了解其人品和他的种种逸事，更主要的，是要读懂他的艺术。

和所有敬爱、喜爱张国荣先生的人一起感受、读懂张国荣先生的音乐，就是笔者的初衷。

最初，这些文字以《风里笑着风里唱——张国荣的音乐世界》为题发表在张国荣的百度贴吧时，与我预想的不同，很多读者对我所持有的观点提出质疑——因为我在贴子里，提出和正视了“后荣迷对张国荣艺术的了解有所偏颇”的问题，引来了一些急于证明自己对张国荣的艺术成就足够了解的后荣迷们的激烈反驳。但随着文字的持续更新，网友们开始逐渐理解我的想法，转而一同追缅我们共同的偶像、一起聆听他的音乐，从中感受那些优美旋律所要传达的人格魅力以及探索和挖掘音乐背后的故事。

十周年纪念时，太多与张国荣有关的纪念书籍抢滩在4月之前出版上市。这些书有研究者的精心力作，也有赶着十周年纪念热潮、瞄准荣迷市场的跟风作品。惊讶的是，在十周年的纪念热潮中，却罕有详述张国荣音乐成就的作品问世。

曾经，在一次采访中，当张国荣被问及关于“热·情”演唱会的种种质疑时，他说自己这个等级的艺人，需要做一些 trends-leading（引导潮流）的东西。

所以，当十周年纪念热潮涌起时，我想是时候去探寻张国荣所引领的 trends 究竟是什么了。更最主要的是，在音乐方面，张国荣是如何由一位稚嫩的流行歌手一步步蜕变成为当之无愧的艺术家，也应当值得被更多人关注。这种关注不仅是对那些质疑者的辩驳，更是作为欣赏张国荣艺术成就的人所必须掌握的一种了解。

因此，就有了这本书的面世。而百度的原贴《风里笑着风里唱》的种种不足，也被这本书的另一位作者沈念小姐一一修正，本书的后半部分，也是由她来执笔。而前面的内容，她也做出了很大的贡献——当然，我们两位写作者绝非生硬地把文字攒在一起，而是各自发挥所长，以求这本书在文字可读性、挖掘张国荣音乐历程以及凸显他本人艺术魅力等各方面，能够有一个完美的契合。

这本小书虽然怀着读懂哥哥音乐的理想，但对于两位尚显稚嫩的作者来说，尚有许多不足之处，而对于张国荣音乐的一些解读，也未必完全吻合词曲作者以及张国荣本人最初的意愿，但请各位相信，我们一定会怀着对张国荣先生以及他的专辑的诸多制作人的最大尊重，尽各自最大的努力，为大家奉献出一本最大限度解析张国荣先生音乐之路的诚意之作。

风里笑着风里唱，感激天意碰着你。

下个十年，让宠爱继续。

褚汉辰

自别红尘多孤寂，十周年来初识忆

2003 年的 4 月 1 日，五百年才出的一个精灵般的你与这个世界永远地告别了，令万千宠爱你的人心碎、心痛。

时光如梭，岁月如箭。犹记得为你举办的逝世十周年纪念，盛大、恢弘，你离去这么久，却依旧令大家牵肠挂肚。

不能亲自去香港，是一种无须言明的遗憾。但江苏卫视 4 月 1 日将转播 3 月 31 日香港红磡演唱会盛况的消息，令人振奋。吃过晚饭，我于当晚 10 时准时打开电视机，看到演出盛况的那一幕，对你的怀念之情，一触即发。舞台灯光璀璨，奇绚瑰丽，舞美、音响效果各方面均属精心准备，明星个个神采奕奕，只可惜，奇幻绚丽的舞台上，不再有你。只有那舞台四周的大型投影上，轮番播放你曾在不同时代的绝代风姿。

我看到程蝶衣、宁采臣、顾家明、阿飞……并肩整齐地出现，都是你，却都不是你。

你只有一个，全世界只有一个张国荣。

人们可以穿上十二少的行头，扮程蝶衣的妆，但那锦缎华服、浓墨重彩之下，却都不是你。

想必我，是众多荣迷、后荣迷中最没有资格来写你的——是在纪念你离世十周年的日子，才遇上了你，了解了你，为你着迷。

陈太说，“这是最后一次为Leslie办纪念演唱会”。

最后一次，我差一点就要错过你。

我笃信，这是上天有意的安排。然而我庆幸，这最后一次盛大的纪念活动中，最终没有错过你。

写这本书是在四月中旬，所有关于你的纪念活动都在一一落幕。时间，就像你做人生最后一个抉择时所说的，“它不等人”。所以你在那天，一去不回头。

如今，我也面临一样的抉择，很欣慰，最终还是写了你。

近一年的时间提笔、落笔，我也许不够了解你从艺二十六年的全情绽放，不够了解你埋藏内心的苦楚与愿景，但我笃定，关于了解你的这有限的一些，绝对是用心书写。

而所有这些文字，除却纪念你，还为纪念我这个而立之年疯狂痴迷你的自己。

你曾在演唱会上多次告白，希望大家不要太善忘。希望都能记住你。

我想回你，“自别红尘多孤寂，十周年来初识忆，Leslie，你永在我心里。”

沈　念

目　录

第一辑　初识哥哥，一缕不羁的风

路已难辨，旧居都改建，但那怀念，开枝散叶蔓延；物会磨灭，事不可改变，逝去年代，清晰往事可见。

——林夕《摆渡的岁月》

初相遇，我有我坚持

> 我始终是初出茅庐的后辈，在唱歌造诣上，自会有很多漏洞，我深切希望前辈及各位新闻界朋友，多给我一点时间学习，也为我想一想，秤一秤一个初出道的小子应有多少斤两。
>
> ——张国荣

2003年距今已有十载，如此算来，1977则是更遥远的岁月了。

如果，他不是日后的天王巨星，不曾留下一身的绝代风华，那么就不会有莫文蔚电台采访哭忆哥哥的一段了；

如果，他不曾坚持奉行完美主义，一路默默争上游，那么就不会有日天王天皇巨星了；

如果，他不曾报名参加1977年由丽的电视台所举办的亚洲地区业余歌手大赛，不曾拿到第二名的绝佳成绩，也许就不会踏入演艺圈了。

但那样的话，世界将少一位品行兼优的璀璨明星，我们这些人将失去一位人格闪亮的绝对偶像，影坛将有多部优异作品流于遗憾，乐坛将有多部优秀唱片无从诞生。

上天要他集优异品貌于一身，又给他万千宠爱，即便如此亦须在鱼龙混杂的娱乐圈摸爬滚打奋斗八年，庆幸的是，岁月终究没有辜负他的努力，最终他还是做了那个德艺双馨、名扬天下的大明星。

昨日种种艰辛，在别人看来都只轻描淡写、风轻云淡，可以简单地概括为“张国荣出道初期”这寥寥数字。然而，对于张国荣本人来说，他大概永远不会忘记那些奋力争上游的苦难岁月。

1977年，张国荣因父亲突然身患中风，不得不提前结束在英国的学业，买张机票匆匆赶回香港。成年后，他在接受采访时曾说，“我那时候离开香港到英国留学，心里是没有一点留恋的”。他并非无情之人，恰恰相反，正因有情有义，当初才要执意去英国留学。

他的家境并不十分富裕。父亲张活海早年曾在香港中环德己立街开设洋服店，最风光时还曾为马兰·白龙度量身定制衣服。张国荣是家里最小的孩子，大人们都亲切地称呼他为“十仔”。然而，这样一个听起来理应备受宠爱的昵称，却并未使他获得相应的家庭温暖。

除了张国荣的母亲以外，父亲又另娶两房姨太，感情生活十分混乱。特别对于张国荣的母亲来说，一个得不到丈夫专心疼爱的女人，是很可悲的。当她在自己的命运里痛苦哀叹时，却也无意间忽略了此时倍加需要母亲关怀的十仔。

冷漠、孤独、忧郁，也许就是从那个时候在他的心里扎下了根。一个童年缺少关爱的小孩，越是渴望获得家庭的温暖，面对残酷无情的外界，越能感受到自己的孤独。所以，他选择远离家乡，漂泊大洋彼岸。

待他再回来，家里已然是另外一种境况。

父亲早年做生意积累的钱财并无多少，如今他又病倒，一家人的经济立即变得拮据。虽然是家里最小的孩子，但张国荣深谙廉孝之礼，他决定谋一份活计，为这个家贡献一点绵薄之力。

他在英国读的是纺织业，为的是将来子承父业，看他做歌手、演员对自己的那份苛求，料想倘若真有机会成为一名裁缝，也必定会是一个如父亲那般甚至会比其更优秀的裁缝。

不幸的是，当时的香港已经开始流行成衣，手工制作的衣服显然有些跟不上时代潮流。无奈之下，张国荣只好另做打算，在老旧的香港街头卖鞋子、卖牛仔裤，那时热爱音乐的他还曾凭兴趣组建了一支乐队，遗憾的是多次参加比赛却从未夺冠，最多拿到亚军，成名之后他与某档节目主持人在回忆起这段往事时，脸上总是一股云淡风轻，但也许唯有他自己懂得，那些没有出路的岁月，他是如何辛苦捱过。

所幸，这一切，都因为他参加了一场音乐比赛而彻底改变。

1977 年，丽的电视台举办了全亚洲业余歌手演唱比赛。他从中环天星码头乘渡轮前往参加，当时这里正是香港最繁华的闹市区，附近高楼鳞次栉比，连绵不绝。说起来，他当时是为陪同好友，报名只是顺便，因需交二十块钱报名费，还专门从佣人六姐那里借来。正是这二十块，给一位力争上游的后生打开了一段全新的人生。成名后，张国荣视六姐为至亲之人，他为她购置房产，像她亲生的儿子一样，小心谨慎地侍奉左右。可以说，是六姐弥补了张国荣童年所缺失的母爱和亲情。因此，他一直都记挂着她，为她养老送终。

张国荣参加节目当天，表演完毕有一位小女孩上台献花，她正是莫文蔚，其母当时是丽的电台高层。成年后，她形容那天的张国荣是“他穿一身白衣白裤，很帅，唱《American Pie》，是一首英文歌，蹦蹦跳，很有型，很精彩，很好看”。

《American Pie》共有六段，最长的版本有十二分钟，张国荣后来亦形容是“水蛇般长”。他带着七分钟长度的歌曲去参加比赛并坚持唱完，虽然最终不得不让步，却让当时的音乐指导黎小田记住了这个有主见的年轻人。

就是这够靓仔的装扮，够靓仔的表演，最终为他赢得了第二名的绝佳成绩。丽的电视总经理黄锡照和他的特别助理何敏仪（莫文蔚的母亲）来到后台，当看到张国荣时，黄锡照大步流星走上前一把握住他的手，开心地说道，“Leslie，I will make you a star。”

听到这句话，张国荣不禁为之一动，那种对成功的渴求和获得赞赏后的欢愉之情，清晰地从他明亮的眼睛里折射出来。

多少年后，当这首令张国荣获得一众好评的《American Pie》再次出现在那场盛大、火爆的“热·情”演唱会上时，想必他总能忆起最初这段踏入演艺圈的岁月。

签约丽的以后，张国荣获得了比卖牛仔裤更高的薪水。他是一个讲求生活品质的人，录制《今夜不设防》时他已成名多年，在回忆这段过往时曾说，“我那时候得到一千的薪水，拿到薪水的第一天，我就帮自己搬了一个月租五百的房子，其他的钱再拿来吃饭和做别的。”

可想而知，那时的他对未来充满了信心，但事与愿违，这种幸运转眼就稍纵即逝：签约后他先后发行的两张唱片都没能引起市场反响——丽的电视的前身，由英国人开设的电台“丽的之声”曾经是香港流行文化的前沿阵地，曾推广了不少西欧歌曲，但当时的香港乐坛在许冠杰、泰迪罗宾的开创性推广下，粤语歌已经成为了市场的主流，因此第一张专辑内的英式唱腔显然已过于陈旧和落后。第二张专辑的失败原因则在于过度迎合市场而失去了张国荣本身的特色。

命运似乎有意嘲弄这个外表帅气、意气风发的少年。

1981 年，录制《甜甜廿四味》电视剧的主题曲，他在录音器材前站得笔直，“咸鱼白菜也好好味”，看上去神情是如此放松、自然，然而在那些奋力拼搏的年月，咸鱼白菜真的也是好好味的吗？

1978 年，演唱事业不顺的张国荣参演了人生的第一部电影《红楼春上春》，他本人是《红楼梦》的忠实拥护者，对这部电影自然很钟意，再加上里面还有几位名演——林黛玉一角便是由陈百祥的老婆黄杏秀担任。然而拍摄过程中，张国荣发觉导演的用意并不似自己想的那样单纯，硬是走了三级片的路线，只是合同已签，无从反悔，他只好极不情愿地配合拍完。

成名之后，这段上当受骗的惨痛经历虽令张国荣一度难以释怀，但他从不刻意回避。在 1985 年的商台采访中，他曾这样说，“在当时那样为前程彷徨的岁月，看到周围人都在为将来搏杀，我自然也不例外。没想到，这时候，一个机会就来了。当时，有家电影公司找到我拍戏。当时也是有些年少无知，再加上正为前程发愁，只感慨怎么会有这样一份幸运找上门，更何况这部电影的某位大制片人在当时已经很有名。于是就穿戴整洁，去与这位制作人见面。等见到制作人，得知要参与的是一部类似《红楼梦》式的电影顿时心里充满欢喜，复又问起电影女主角，得到回答是陈百祥的老婆黄杏秀。我心里更是惊讶不少，要知道当时黄杏秀已经是十分成功的女演员，而且我在这部电影里可以担任男一号，这想来，无论如何都是一件值得庆贺的事。还有，这部电影的片酬有 6500 块，虽在电影行业这个数不算高，但对当时的我来说，已经是很大的诱惑，是我第一份最高人工的工作。于是当即应允对方，然而签了合同，拍了几天后才隐隐发觉似乎有些不对劲，原来这部所谓的类似《红楼梦》的电影加了许多三级片的成分，但因为合同已经签下，而听说对方又是很有势力的人，如果不继续配合，甚或性命堪忧，无奈之下只好继续硬着头皮拍下去。只是没想到，这部电影拍出来以后竟获得非常好的市场反响，只是最后还遭电检处禁影了，而我本人也因为参与三级片的拍摄，被整个电影市场冷落几年。最不能理解的是成名后，竟有很多媒体以此大做文章，令我名声扫地。在我自己来说，不是很想去讲它，因为这是我第一部电影，也是我第一部给人“卖猪仔”的电影。之后就发誓一段时间内不再触碰电影。”

“卖猪仔”这句自嘲的话，此后也曾多次出现在他参加的访谈节目中，看来他对自己当年被骗拍摄三级片的经历，始终耿耿于怀。至于后来被问及为什么积极出演同样有些情色性质的《情色男女》，张国荣则一笑置之，“有料，值得拍。”

曾是少年，未识愁滋味

大红大紫是哪一种程度的成功？我只要自己对自己满意。

——张国荣

倪匡形容张国荣是“眉目如画贵公子”，异常贴切的形容使他本人也十分受用。虽家庭不算十分富裕，却也一直享有比较优越的生活，加上生就一副天使面容，五官精致，脸庞更是拥有完美线条，使他给人的第一印象总是优雅、美好。

实际上，他很为自己的“美貌”而自豪。在拍摄电影《胭脂扣》时，张国荣饰演十二少，第一组上青楼回眸两笑的镜头拍完后，他像个孩子似得跳到导演身后逗乐，“怎么样？我美不美？”让关锦鹏着实忍不住笑骂：“你真的好自恋啊！”但张国荣不但不反驳，反而大方承认：“对啊，美是最重要的。”

香港时事评论家李怡曾这样形容他：“张国荣有一张华人电影史上堪称绝美的脸，五官的比例堪称完美，眉宇之间的英气与妩媚，高挺典雅的鼻梁，轮廊有致的双唇，再配上一双时而颓废，时而惊恐，时而稚气，时而娇嗔的大眼睛，在成人童身的暧昧中摆荡，留下美男子，临水照花人的永恒身影。”

的确，张国荣没有辜负倪匡的大胆用词，他是真正意义上的“眉目如画贵公子”。

也是在“跨越97”的演唱会上，张国荣特别公开献给两位生命中最为挚爱的人一首《月亮代表我的心》，演唱之前他曾这样笑问自己的妈咪，“为什么你会把我生的这样的英俊、迷人？是不是那时候同爹地的心情一直都很好呢？”由此可以猜想，张国荣长相俊俏，是他进入演艺圈、拓展演艺事业的一项绝对优势。

但任凭长相如此讨巧和一身翩翩贵公子的气质，也未能助他的首张专辑《Day Dreamin'》顺利推向市场。

这张唱片由签约公司宝丽金发行，在九十年代，宝丽金唱片公司（宝丽多是其前身）在整个流行乐坛极具知名度，在八十年代之后，谭咏麟、黎明、周慧敏、beyond、王菲都曾是旗下歌手。而为张国荣度身打造的这张《Day Dreamin'》，一看便知，仍是沿用此前《American Pie》的演唱风格，十二首皆是英文歌曲，虽然一些歌曲，例如《Day Dreamin'》，歌曲旋律比较轻快简洁，但歌曲本身却并未能引发听众更多共鸣。况且那时候的香港，粤语歌曲锋芒初露，相对的英式流行音乐已开始式微。

专辑内的一些歌曲，例如《We are all alone》，旋律稍显平淡，起伏不大，没能带出更多情感。也许这张专辑的质量尚且合格，但是以日后巨星的地位来看，还是留下了不少遗憾。如果它的演唱者不是张国荣的话，也许早已湮没在浩如烟海的唱片中。

专辑的宣传封面采用的仍然是张国荣比较优雅帅气的照片。他一身雪白，戴一只黑色腕表，很自然地坐在一张精致的茶几桌前。虽然，整体看去十分清新、自然，但却少了一些大明星应当具备的气场。以上种种皆可预见——当时宝丽金也仅仅是以张国荣比赛的演唱路线为起点，为他量身打造了这样一张专辑。如果说《American Pie》恰如其分地凸显了张国荣身上所隐藏的明星气质，那么，首专《Day Dreamin'》并没能将那种视线上的震撼成功延续。

多年后，早已成功跻身乐坛，并且连续多年获得音乐殊荣的张国荣，曾在自己1989年举行的告别演唱会上深情坦言："过去我也有唱歌不好的时候。那个时候整天在想别人是怎么唱好了，于是买了当红歌星的黑胶唱片时时听，一有机会便跟着练。早期，我只会唱些鸡仔声，唱歌的一点点进步，也都是勤奋学来的。"

虽然，他嘲笑自己是"鸡仔"声，如今也早已站在整个华语乐坛的巅峰，各种音乐奖项更是拿到手软，但这首不太成功的音乐专辑，在这样一个缅怀巨星的时代来听，倒也别有一番滋味——我们的巨星，这个世界的荣耀，也曾如此地不完美，也曾唱过一些少男的心事。

《Day dreamer'》表达了一个少男渴望获得爱情的小情思，鼓点节奏轻盈有序，歌词写得也十分有趣：

I'm just a daydreamer
walking in the rain chasing after rainbows
I'm in never fine again
life is much too beautiful
to live it all I know
oh how much I need someone to go my very own

译文：

我只是一个空想家
走在追逐彩虹雨的路途中
我不会再违约

人生是如此美丽

要尽情享受这一切我知道

哦，多希望身旁能再有个知心人

——这样有些俏皮的曲风，张国荣唱来是不是更添一分可爱？谁能想到，那个日后随便在原地转一个圈都能引起歌迷疯狂尖叫的天王巨星，也曾有过这样简单、透明的小心思！20岁那年，张国荣遇到毛舜筠，对她一见钟情，两人恋爱不久，他便向她求婚，少女当即被“吓”跑，一段姻缘就此随风飘散。歌由心发，也许，这首旋律轻快、略带伤感的歌曲，也可看做是对那个阶段怀有少男心事的张国荣的一个侧面写照吧。

第二首歌《We are all alone》则继续延续了同样鲜明的风格，同样是在抒发一个单身少男的小情绪，——也许，对于打造一个新出道的年轻帅哥，宝丽多习惯性地没有选择其他路线。

这首歌《We are all alone》由缓缓的钢琴伴奏带入，中间穿插鼓点配合，旋律成熟，接着便传来张国荣还没完全放开的嗓音，听上去干净、美好，确实是一个少男的私事心语，后期电吉他的声响进入，似是为我们展示了一个少男急于获得情感认同的紧张情绪。

一首优美、经典的歌曲，需要演唱者与歌曲旋律达到高度的契合，此张专辑的这两首歌显然已经做到了这一点，但就整体艺术效果来讲，张国荣此时未放开的嗓音还没找到完全契合旋律的模式，也就无法给人带来视听震撼。《Even Now》与前几首歌不同的地方在于，多了一点淡淡的哀伤，同时他的声线也放得低沉了一些，但依旧无法完满地驾驭整个歌曲的旋律，可以说，日后的天王，此时的歌唱演艺水平还很一般，只待有心人挖掘，助他更上一层楼。

《Good Morning Sorrow》旋律优美，像是一个少年的倾心诉说，低沉的嗓音缓缓流出，即使无法从中得到共鸣，也能感受到一股清爽的风，或者是在一个晴朗的午后，打开一个老旧的收音机，点上这样一首清淡、简单的小曲，大可从中寻觅一段静默过往。

《Undercover Angel》是本张专辑的异数，即便在今天，使用电子音乐作为编曲的器乐首选，也还属走在潮流前端。试想，在当时的音乐流行市场，这种做法是多么前卫、大胆。如今再听这首歌，依然可以深刻感受到它本身所体现出的时代的前瞻性，听起来十分有趣。

《I Like Dreaming》《I Need You》和《You Made Me Believe In Magic》风格舒缓、节奏变幻并不特别明显，旨在突出一个恋爱时期的少年获得恋人芳心的喜悦心情，听来使人倍觉神清气爽。

可以说，整张专辑完全是在记录一个少男的无辜心事，以期突出少年对爱情的渴望、追求。

对于一个日后红遍国际，星光熠熠的巨星来说，虽然他的这张小试牛刀的作品有些不起眼，却也曾是用心之作，饱含了他的诚意和心血。

倘若，我们只喜爱日后那个集万千宠爱于一身的张国荣，是不是说明我们有些小小的“势利”？不错，日后他的确拥有更加娴熟的演唱技巧和舞台表演经验，但此时的张国荣交出的这张初入乐坛的倾心试探之作，也无不凝结了这个初闯乐坛少年的一番心血。

成长的过程并无好坏之分。一个成熟明星的青涩作品，或许更难能可贵——日后，除却这张《Day Dreamin'》，你到哪里去追忆这样一个略带青涩、卖力秀帅气的张国荣呢!?

从这张不太成熟的作品中，联想到他日后的万众瞩目，更能想象到他跨越其中所付出的艰辛，香港人在形容娱乐圈的艰辛时最常说的“连张国荣都要打拼十年”，成名历程中的种种辛酸，毕竟不是简简单单几个字就能一带而过。

而此时的哥哥，还只是是一个只有外形优势的帅气少男，少年不知愁滋味，他还不懂得默默争上游。

跌倒过，脚步才会更坚定

失败有时像一座警钟警醒我们，叫我们自我反省，因为我们或许走错了道路，做了不合宜的事。一种惨败或许便是一种幸运。

——张国荣

1979年，继上张专辑的“大败而归”后，宝丽金携新人张国荣——虽然出道已两年，却从未被成功推向市场，因此严格意义上张国荣还算是一位乐坛新人——卷土重来，于9月1日发行个人第二张唱片《情人箭》。

看唱片的封面，张国荣身穿闪亮紫色服饰，笑容精致，确实堪称一位令人神魂颠倒的大众情人。

也许是鉴于上张专辑在市场方面的全盘崩坏，这张专辑公司在音乐制作上走了粤语路线。说来也巧，同一年，首次推出个人首张粤语唱片的歌手还有谭咏麟和陈百强。彼时，许冠杰、泰迪罗宾对于粤语歌的试水亦大获成功，而罗文、关正杰等正是香港的第一线歌手，粤语这种以往只会出现在粤剧中的本地语种也成为了最流行的歌曲演绎方式。

温拿乐队解散之后，谭咏麟发行了个人首张粤语专辑《反斗星》，借助之前乐队的高人气，加上本张专辑一如既往保持较高的演唱水准，唱片一经上市，就取得了不错的成绩。陈百强发行的专辑叫做《First Love》，五首英文、五首粤语唱毕，一个玉树临风的翩翩公子乍现世人眼前，更令他一举夺得香港“十大中文金曲”——而待到张国荣拿到这个奖，已经是5年后的事了。

乐坛从不静默，几位天王的剧烈争斗也才刚刚开场。张国荣的热火青春，就在与几位同道中人的激烈争斗中，拉开序幕。

相比谭咏麟和陈百强，张国荣这时所出的粤语唱片，质量无法相较一二，销量亦是相去千里。甚至对比上一张的《Day Dreamin'》，明显能看出此张专辑是力求靠近市场主流，努力迎合大众的口味与需求。

但这种近似“讨好”式的极端做法，并没有迎来听众的一致认同。唱片的销量依旧不见起色，这是张国荣和宝丽金公司没能想到的。

专辑的《油脂热潮》，意在突出描述时下香港年轻人的流行热潮，说的是七十年代末受众很广的《油脂》，以及那时候的年轻人出门爱擦的油脂化妆品。

油脂女

油脂仔

时势所趋轮到我执位

（粤语，意为：油脂打扮的女生，男生，都在追赶着流行，现在轮到我来主宰）

如此自信满满的歌词，唱出的也许是张国荣和宝丽金唱片公司的一片心声。但此时的张国荣并不知道，距离他真正实现“轮到我执位”的日子，还有很长的一段路。

《油脂热潮》确实旋律欢快，很有香港那个年代的味道，就像许冠杰、泰迪罗宾、罗文等粤语歌风行后的初代香港歌手，也是顺应了大众的潮流才取得了如此大的成功，但为何张国荣的《油脂热潮》——不仅顺应了当下年轻人的流行特点，也结合了当年香港电影西片票房冠军《油脂》进行造势，却依旧没能成功获得市场的垂青？其中原因不得而知。这世上的许多事，本身就不存在“一定”的说法，人们只能“因上努力，果上随缘。”尽管这首歌在张国荣的乐坛生涯中，可能连前百都排不上，但不能因此否认，那个时期他所付出的努力和认真。

专辑中的第二首歌《三岁仔》，讲述的是一个天下皆知的为人做事的道理：其中有父母对孩子苦口婆心、不遗余力的教育说辞，亦有子女渴望摆脱父母管束，重获人生自由的真实心声。在这首歌中，张国荣一人分饰两角，第一段中，他以父母的口吻教育小孩子要孝顺恭敬，认真做人；第二段则是站在孩子的立场反抗父母的过分管束，充分表达出自己渴望独立成长的强烈愿望。

从形式上，歌曲立意确实十分清晰有力。但或许说教的色彩过于凝重，或许歌曲本身的旋律太过平淡、甚至流于俗气，导致这首歌听起来并不像它的立意那样，具有强烈和穿透般的说服力。加之亲子对话的形式固然有新意，但对于“三岁仔”这个年龄的主题，听众们毕竟还是少了些共鸣。况且单听这首歌的旋律和演绎，人们很难了解其中饱含的深刻用意。我想，这些或许是这首歌没能走红的众多原因吧。

第三首《浣花洗剑录》，第四首《沈胜衣》以及与专辑同名的歌曲《情人箭》，此三首有个共同之处：皆为当年同名电视剧的主题曲。单看这三首歌曲，江湖味儿十足，而张国荣此时的声线也属男中音，演绎起倒颇有几分英雄肝胆相照的雄伟味道。

其中，《浣花洗剑录》正是张国荣出道以来所拍摄的第一部古装剧，在片中他担任男一号，本身又是歌手，自然承包了这首同名主题曲的录制和演唱。丽的电台曾有一段时间只着重在电视方面发展，张国荣作为一名歌星，不知还能做什么，有几个月，他只拿工资，却没有任何成绩问世。也就在这个时候，一位监制找到他，提议不如拍电视剧，而接拍这部《浣花洗剑录》时，他正被肝炎折磨，但为了保证拍摄进度，他一度坚持带病苦撑。

现在，将CD缓缓放入播放机，随着时间缓缓流逝，且看音符循序渐进，待第一声前奏响起，“咦，”也许你脑海中会立即闪现这样一个疑问，“为什么这首歌听起来像是《小李飞刀》的另个版本?”没错，这首歌依然由卢国沾作词，词风、曲风都在有意模仿罗文当年那首经典的《小李飞刀》。但是，张国荣毕竟不是罗文，“罗大仙”仿佛为武侠电视剧而生的独特唱腔，加上他在粤语歌甫一风靡便占领市场的歌坛大哥地位，让《浣花洗剑录》难以与《小李飞刀》看齐。

《情人箭》的同名电视剧不是由张国荣主演，这首歌唱起来也较为平庸，可谓是一张平庸专辑中的平庸之作。《情人箭》也绝非大家理想中的样子，恰恰相反，这首歌意在表达一个在江湖获得一定名气和地位的少年，虽武功盖世却情关坎坷，颇有些情场失意、醉酒当歌的况味。

是因为这三首歌，张国荣才被报道其在唱法上刻意模仿当时盛名在外的乐坛唱将罗文。

彼时，没有任何经验，他孤身一人，勇闯乐坛，想要早日收获荣耀因而学习和借鉴歌坛前辈又有何不妥？在拥有自己独特的个人风格之前，试问谁又不曾模仿他人？只是想到日后那个自信满满对歌迷打保证发誓要做一个最正的张国荣时，仍不免为此时的他感到一丝心疼。

如他那样一个骄傲甚至有些自恋的人，也会为了获得认可如此模仿、效仿别人吗？然而这一切都是不争的事实。

这条默默向上游的路并不好走，期间所做的摸索，所遭受的质问和打击，岂止是十年奋斗所能一笔勾销？

《变色龙》的词曲作者分别是黎小田和卢国沾，尽管这对实至名归的黄金搭档亲自出马，但这首作品依旧未能帮助张国荣成功上位。春天看似遥遥无期，而眼下坎坷的遭遇也为这首描述人生感悟的歌曲，涂上了一层悲凉的色彩——也许这是上天的执意考验。幸运的是，黎小田和张国荣的合作并未就此停止。自两人于“亚洲歌唱大赛”初次相见到这首《变色龙》，再到之后的华星唱片时期，黎小田一直都是张国荣1989年宣布退出乐坛之前最为重要的音乐合作伙伴。

《大亨》是一首翻唱徐小凤的作品，在张国荣这种略显单薄的声线的演绎下，这首歌的格局似乎没有被很好地撑起来，也没有成功升华或是营造出另一种况世人生。

虽然词曲水准不俗，但并不摄人的男声、并不惊艳的唱腔以及并不广泛的歌迷基础，又有多少人愿意购买张国荣的唱片呢？

《情人箭》之后，“你的合约已经满了，你已经帮我们录了两张唱片，一张中文、一张英文，反应方面也不是太理想，我觉得你可以随便选择你的唱片公司，我们也不需要或者没有那个意思要跟你继续合作了。”宝丽多的要员冯添枝对张国荣说完这段话后，张国荣深知，自己发行的两张失败的专辑，可能要为自己的音乐之路画上句点了。其后四年，张国荣没有再出一张唱片。

唱片的销量不济，似是给人们展现了一个最失意的张国荣——从这之后，他再无这样的低潮，无论人气抑或唱片销量。

回顾一代巨星的平庸过往，我们无需为此叹息。人说“爱屋及乌”，我们确不该因为张国荣此时的低潮，而将这部分有些悲凉的人生经历从他的整个乐坛生涯抽离。相反，正是这个阶段的低潮时期，让我们看到了一个丰富、真实的张国荣，想到了他日后是怎样积蓄能量，一步步默默争上游，终成一代巨星，更感受到了作为一位歌手，他从籍籍无名到扬名国际所付出的艰辛。《情人箭》也在提醒我们：我们的偶像张国荣，是一个有血有肉、有迹可循的张国荣。

鲤鱼跳龙门是有后劲的，跌落的池渊越深，腾空的力量越大，整个香港乐坛不知道，此时的张国荣，已经蓄势待发，开始形成那个低沉但却在日后风靡海内外的浑厚嗓音。

逆风，也要飞翔

有空气，就有风，风会继续吹。

——林夕

当年报名参加丽的电视台举办的亚洲业余歌手大赛，是张国荣与黎小田的第一次会面。黎小田，这个日后被张国荣于 1985 年商台自传中形容为“夫复何求”的好朋友，当时担任那场比赛的发起者和评委，同时也是丽的电视台的音乐总监，初次见面，他对张国荣的评价竟是“当时报名参赛的人很多，看到他没什么感觉吧，瘦瘦黑黑的。”但他没有想到，这个年轻人用他的执着与坚持，最终使他变得“有感觉”。

在比赛中获得第二名的好成绩，而后张国荣顺利签约丽的，“我们当时在做《家燕与小田》，他是和音，他是个新人，我就想给他个机会，就弄了一首电视主题曲给他唱，就是《追族》。”但黎小田当时对张国荣并不十分满意，“那个时候他唱歌，声音太细，有点鸡仔声的味道，我一直跟他说你唱歌要随意一点，不要装，不要做作。”

并不看好的势头似乎预示某种糟糕的结局，果然，《追族》面市反响平平，张国荣与谭国基（KK，当时罗文和陈百强的签约经纪人）开始了一段不和谐的合作：KK 手下有三位歌手，其中陈百强擅长作曲，有了这一层优势，张国荣就不那么受欢迎了。

未能深得公司看重，为了生计，张国荣常常到一些小的酒吧驻唱，这些事情黎小田是清楚的，他常去看他，鼓励他，“你现在唱现场比以前好多了，要唱足三年，起码三年。”

后来，黎小田担任华星唱片的音乐总监，张国荣也在朋友的介绍下加入这家公司。张国荣说，“我跟我当时的经理人正闹不快，所以他（《鼓手》的导演杨权）就介绍了华星公司的陈淑芬给我认识。跟她谈的时候，她问我需要多少报酬？我说报酬对我来说不是很重要的问题，我需要的是争一口气。”

就这样，1982 年，张国荣顺利加盟华星唱片公司。这一次，张国荣卷土重来，全新的演艺事业以参演一系列的电影拉开序幕，并非是发行唱片。

这期间，他参与拍摄《杨过与小龙女》《喝采》《失业生》《柠檬可乐》《烈火青春》等多部电影，其中《失业生》《喝采》均扮演风流英俊、放荡不羁的少年公子，由于对人物造型出色的演绎，导致很多观众认为张国荣本质上就是一位年少轻狂的公子哥。这显然是毫无根据——难道因为一个人生就富贵气质，就能断定此人是一位品行不正的风流大少吗？

出色、精湛的演技将片中人物诠释得如此完美，不仅没有获得一致好评，反而引来诸多误解，真替张国荣叫冤。

《喝彩》的女主角翁静晶曾回忆说："新晋艺人大多忌讳反派角色，原因是这类角色容易被定型，一旦深烙观众脑海，将来再要扮演忠良，就难以取得共鸣和信服，正是'一入奸门深似海'。若道行和运气都不够，定了型又未能一炮走红，往后的星途荆天棘地。"想当初，扮演反派也不是张国荣自愿，而是公司经纪人一心想要捧红陈百强，张国荣别无选择，只有听命配合。

电影《喝采》《失业生》使张国荣、陈百强、钟保罗成为人们眼中潇洒又有型的"白衣三侠"，拍摄此两部电影之前，陈百强早已在乐坛大放异彩，此时两部影片又助他在影坛小有突破，简直堪称歌影双栖，一时风光无限。

而此时的张国荣，星途黯淡，从 1981 年到 1982 年，他几乎经历了事业上的所有低潮。二十五六岁的他仍然是二三线艺员，被自己的唱片公司解约、戏路被反叛形象所限……大众对他的关注，也就集中在报纸上那些绘声绘色的绯闻上。

终于，一个开拓事业的机会到了。1983 年，于香港上映的青春片《柠檬可乐》突破 500 万的票房成绩，而他于 1982 年拍摄的电影《烈火青春》也为他赢得了香港电影金像奖的影帝提名，值得关注的是，这部电影一经热映便将香港电影新浪潮运动推向高潮，直到 2005 年，这部电影仍在中国电影百年百部作品的竞争评选中斩获殊荣。此部电影也被张国荣自认是从影以来的“第一部作品”，经由他饰演的无根少年 Louis，含蓄内敛、富有张力，赢得业内外一致好评，为他赢得第二届的香港电影金像奖最佳男主角提名。正像这部电影的名字《烈火青春》一样——属于张国荣的灿烂青春，也正刚刚开始。

唱片方面，张国荣发行了自己加入华星以来的首张专辑《风继续吹》，由黎小田一手监制。这首歌改编自山口百惠的告别歌坛之作《Last Song For You》。

山口百惠一直都是张国荣在乐坛的偶像。当年她在自己事业当红之际，为了爱情甘愿引退幕后，这一决定令多少人为之震撼——想必张国荣在 1989 年自己的歌唱事业正值辉煌时宣告退出歌坛，多少也有些受到她的影响吧。

然而，正是这一首类似于向偶像致敬的歌曲，帮助张国荣迎来自己歌唱事业上的第一个高峰。

《风继续吹》这首歌和同名专辑对张国荣来说，似有一种命定的意味在其中。以至于后来他陆续演唱了《不羁的风》《暴风一族》《漫天风雨》以及颇有些自我况味的《风再起时》，甚至他的《一切随风》，都似在与人充分展示着他如风一般的演艺生涯。

这是张国荣加入华星的第一张唱片，公司和他本人自当竭尽全力，邀请当年曾叱咤乐坛的极有分量的词曲创作团队鼎力相助，顾嘉辉、黎小田、郑国江等皆“片上有名”。

而后又由后来冠绝全港、蝉联金像奖最佳服装设计的设计师张叔平，以张国荣的脸庞为主体精心为唱片设计封面，突出了他精致的五官和炯炯有神的目光。在看到这张专辑封面时，我想所有人都无法抑制住那股渴望与张国荣热烈的眼神对视的冲动。而简洁有力的“张国荣风继续吹”几个字没有用任何花哨的字体，却更衬托了封面上这个男人的成熟魅力。

不仅仅是封面一扫之前专辑的少男形象，在唱腔上，张国荣更是作出了重大调整。恩师黎小田让张国荣以“猫王”普雷斯利的作品为模板，改变自己的唱腔和发声方式，以求脱离之前的“鸡仔声”，最终达到低沉、哀婉、沧桑的效果。

专辑中的十二首歌曲均为张国荣量身打造，更为重要的，就如黎小田所讲，“来到华星之后他的唱腔发生了改变，就是唱得随意了，自然了，这样他自己的个性就显露出来了，有了自己的个性，他的演艺事业也走上坡了。”

选几首具有代表性的歌曲，且来慢慢分析：

《共你别离》翻唱自日本歌手滨田省吾的《Last Show》，此首歌与原唱编曲最大的不同便是——电吉他不与歌声同时出现而仅作为演唱之间的穿插、和声的点缀，以一种诠释的方式将原版的日式风格消弭干净，自成一派。更值得一提的是，此首歌曲的编曲人正是曾获第三届金针奖的奥金宝，虽身为菲律宾人不懂得粤语，但扎实的编曲能力使他依旧能够大刀阔斧地进行粤语歌曲的创作，着实令人佩服。其实，张国荣与这位极有才华的音乐制作人也属“故人”，早在1976年他还在丽的电台做新人时，就曾与奥金宝一同赴韩国参加亚洲职业歌手歌唱邀请赛。

《缘分有几多》由黎小田作曲、编曲，郑国江填词，歌词讲述的是一个旧情复燃的故事：

能共你一起
天意安排
爱共情不可理解
有缘相识无缘相爱
仿佛存在了分界

第一句歌词点出当初分开的原因，而“无缘相爱”也为后面的“旧情复燃”埋下伏笔。

甜蜜快乐重回心里悠然将心结解
已死的心再获关怀
笑语更轻快求用以后漫长岁月去偿清往日债
缘份有几多应信安排这段情不必理解
纵然此生满途波折一起同步也轻快

重逢之时，心结打开，一对旧情人再续前缘。歌词唱得轻快，听者心中也有种淡淡的愉悦之情。

《流浪》是电影《烈火青春》的主题曲，影片紧密切合八十年代初的香港现状，展现了经济腾飞下的年轻一代深感迷茫、欲要寻找全新目标的社会现象，通过讲述几位年轻人对青春的困惑，探寻和反映出他们在社会中匮乏归属感的真实内心。

在我心里面独留着你空想
期望有一天可带着你遍历远方流浪
在天际远望白云上躺一躺
无论要经过多少风雨
还是要挺身直航
愿一起找寻前面我的方向
来让那片片白云
明白我心里所望

在背景旋律的编写上，节奏起伏不大的纯乐器演奏，生动妥帖地展现电影里年轻人所具有的放荡不羁。可以说，这首歌完全贴合了电影的主题，虽然我们现在提起张国荣的经典作品时，可能会想不起这首歌，但当我们重看《烈火青春》时，就能感受到《流浪》在电影中所起到的关键作用。

《让我飞》这首歌在制作上启用了港乐史上最为经典的搭档之一“辉黄”组合，顾嘉辉的曲、黄霑的词与奥金宝的编曲是这首歌质量的绝对保证。在夏威夷进行实地录制时，张国荣曾与彼邦的草裙舞女学习跳草裙舞，全情投入且玩得不亦乐乎——若他往生之前的心态有这样轻松，该有多好。

本张专辑除了同名歌曲《风继续吹》，最值得回顾和赞扬的当属具有里程碑意义的“鼓手三部曲”——《人生的鼓手》《默默向上游》《我要逆风去》，这三首均出自电影《鼓手》，作曲、编曲均为顾嘉辉，作词则由郑国江一手操办。

在《鼓手》这部电影中，张国荣担任了其演艺生涯中为数不多的主流形象——一个积极、阳光、奋进的少年鼓手。

与电影相同，三首歌同样表达了积极的主题，更是证明郑国江确是一位注重品质的优秀填词人——在他的努力下，三首歌与影片的契合程度高达百分之百：《人生的鼓手》将人生比作打鼓，要鼓棒在手不怕路长，让心中鼓声更劲更响；《默默向上游》一词得来不易，当初郑国江已经是业内十分有名的词作者，但张国荣尚未在乐坛做出成绩，多亏他“献才酬知己”，郑国江才甘愿自降薪酬为他填词。这首歌主要表现一位音乐人对音乐的执着追求，表达出要在隐忍中坚持不懈，真正做到默默争上游，特别是当张国荣以低沉的磁性嗓音唱出“求能用心求能用功求能做好鼓手”时，情感渲染到达高潮，片中那个一身激情的击鼓少年犹在眼前。更何况，此处的“少年”既是片中角色，更是张国荣本身，为了拍好这部电影，他“求能用心，求能用功”，楞是在短短二十天学会了打鼓，为了电影宣传，还曾专门去到《欢乐今宵》秀了一段鼓技。

由此想到，“张国荣每部电影都是在演他自己”的说法虽显荒诞、不公平，但从他对电影的认真态度来看，他的许多电影与他的人生经历确有相似之处，譬如《鼓手》中那个经过不懈奋斗、最终实现理想的少年，何曾不是对他这些年成名之路的最好诠释？所以，当1985年张国荣首次在香港红磡举行演唱会时，才会深情并茂，有感而发演唱这一首“求能用心，求能用功，求能做好歌手”的《默默向上游》。

据郑国江先生后来回忆，张国荣当时给他的印象是自信的、有抱负的、阳光热情，我们从《默默向上游》《我要逆风去》和《人生的鼓手》三首歌中也能读到郑国江对张国荣彼时的印象，尤其是《默默向上游》更被广泛认为是张国荣演艺生涯前期奋斗历程的心声之曲。

作为与专辑同名的《风继续吹》，一开始虽然受到 DJ 好评，但并未频繁在电台播放，直到“识货”的听众们经常点播、加之华星唱片当时是无线电视（TVB）的嫡系唱片公司，自然有很多机会在覆盖全港的 TVB 经常播放《风继续吹》的音乐录影带，这也终于让这首歌得到了足够的重视。

因此，这首歌算是这张专辑中最广为人知的一首歌，亦是张国荣的成名作。但说来可惜，尽管这张专辑当年的销量超过三万张，纪念意义不容小觑，更于 1983 年获得“金唱片”奖，但却未能为张国荣赢得“十大劲歌金曲”的一席之地。当时，他明知自己没得奖，但那天的颁奖礼依然盛装出席。只是后来现场发生的一些事，令他感到痛苦，也令一旁他的经纪人和其他朋友感到唏嘘不已——原来，他觉得被主办方邀请是一件无比光荣的事，便早早赶到现场，可是到了才发现，除了他，那些没有获奖的艺人，竟一个也没有出现！当他坐在台下，看着获奖的艺人歌手一个个前去领奖，心情压抑到了极点。

但也是从这张专辑开始，业内人士看到了张国荣为歌唱事业所付出的艰辛，但有时乐坛评奖难免太过主观，尽管有很多人认可他的天赋和努力，却无人能够改变专辑未能取得辉煌成绩的悲凉事实。

风继续吹，不忍远离

心里极渴望，留下伴着你

日后，当那个周身散发璀璨光辉的国际巨星，或意气风发，或成熟优雅，或潸然泪下的于自己的演唱会上演唱这首《风继续吹》时，我们就知道，这首歌成为张国荣的艺术标志当之无愧。

只是，就如没人能够改写《风继续吹》在1983年无缘“十大劲歌金曲”的悲剧事实一般，如今亦是无人能够唤回这位真心“不忍远离”的国际偶像了。

他终是化成一阵风，随无情的时间消失不见。

《Monica》，谁能替代你地位

Tanks，Tanks，Tanks，Tanks 张国荣，谁能代替你地位。

——林子祥

1985年，香港著名歌手林子祥在劲歌金曲颁奖典礼上，与张国荣对唱《Monica》时，情到浓时灵机一动，现场改词，“Tanks，Tanks，Tanks，Tanks 张国荣，谁能代替你地位。”

从《Monica》开始，张国荣华丽变身，遂成传奇。

凭借1983年的《风继续吹》和《一片痴》，张国荣初尝当红歌手的滋味，这张专辑更是集中了他在华星时期合作的几员大将：黎小田自不必说，顾嘉辉、奥金宝、郑国江、黄霑、卢国沾也都悉数登场，各自为张国荣打造精良专辑贡献了一份力量。

虽然两张专辑均有备受听众青睐的歌曲，但就整体而言，在选歌部分还是比较保守，依旧能够看出许冠杰、罗文、关正杰的影子深藏其中。

而《一片痴》的发行，似乎是为了助推《风继续吹》的市场影响力，11首歌也几乎悉数采用了本港创作人所作的新曲，尤其是同名主打歌《一片痴》中日本三弦的巧妙运用，让这首歌如泣如诉，首次和女声——无线电视的新秀歌唱大赛铜奖得主邓志玉合唱的作品《愿能比翼飞》，以及由林敏聪兄妹打造的温情抒情小品《燕子的故事》，都是这张唱片中数一数二的金曲。但可惜，由于发行时间仓促，《一片痴》仍未将张国荣从准一线歌手推向天王的宝座。

1983 年的香港乐坛，谭咏麟、许冠杰和罗文仍是当仁不让的一线歌王，陈百强更是凭借此年的《今宵多珍重》和《偏偏喜欢你》两张专辑，热遍全城，他俊美的外表、温柔的唱腔和才华横溢的创作力都让其独占香江第一少女偶像的头把交椅。此外，曾和谭咏麟同属温拿乐队主唱的钟镇涛也是风头正劲。

对于张国荣来说，此时的香港乐坛可谓强敌环绕，群雄逐鹿，想要杀出重围，自然需要拿出比《风继续吹》《一片痴》更具市场说服力的唱片。

1984 年 7 月，张国荣鼓足勇气，终于向香港乐坛发起猛烈的一击——同名大碟《张国荣 Leslie》出街——我想，没有一个名字能比这个更合适的了，它仿佛在向香江两岸郑重宣告——我张国荣，来了!

这张专辑的创作阵容，是华星当时的第一梯队，前几张专辑中的强者们在此张专辑中再次聚首。专辑收录歌曲共计十二首，其中有五首影视原声，第一首《始终会行运》和最后一首《一盏小明灯》都属影视主题曲。

《始终会行运》是 TVB 电视剧《鹿鼎记》的主题曲，由梁朝伟、刘德华分别饰演的韦小宝和康熙皇帝，可谓后来各版本《鹿鼎记》的“前世”。这首歌由顾嘉辉和黄霑联袂创作，编曲亦是顾嘉辉，背景旋律配以木鱼声、箫声，时隐时现，全面地彰显出当时武侠电视剧的那种独特的风采。相比之前的同类电视剧主题曲，这首曲子的节奏明显欢快许、激昂许多：《情人箭》中的《沈胜衣》《浣花洗剑录》始终逃脱不了罗文《小李飞刀》《铁血丹心》等名曲的影子，但这首《始终会行运》意气风发、年轻恣意，则有了很明显的张氏风格，也可以说是整张专辑的风格。

这张专辑的另一首电视剧主题曲是《侬本多情》的同名主题曲，张国荣亦在此剧中扮演了风流阔少 James，精湛绝伦的演技更使他从此多了一个昵称，“荣少”。

就这首歌曲而言，作曲黎小田、作词郑国江，两人在创作过程中一定迸发了相当激烈的火花，才得以让词曲浑然天成，在精神层次上也高度契合。

情爱，就好像一串梦，梦醒了一切亦空；
或者，是我天生多情，方给爱情戏弄。
同你，在追逐一个梦，梦境消失岁月中；
唯有，在爱中苏醒时，方知爱情非自控。

郑国江所填的这阙词，结构规整、颇具诗意，让一首原本落入单调的歌曲奇迹般地诗意盎然，散发生机。再配以节奏性的西洋乐器，使这首歌最终既有中国传统诗句的韵味，又有西洋文化中的绅士之味。

章子怡曾表示，正是这首《侬本多情》让她迷上张国荣，甚至在一次演出现场，她更是痴狂到不顾身份，像个小歌迷一样疯狂呐喊，直到一旁的人数次提醒，才想起自己的巨星身份。虽然张国荣在接受采访时，曾无比谦虚地只为自己吸引异性的能力打了个及格分数，但由《侬本多情》开始，他风华绝代、吹灰不费的惊天魅力已然初见端倪，而日后场场爆满的各场次演唱会，他时而妖娆、时而性感又时而魅惑的多变风格，正说明他已然能够轻松驾驭这份强有力的吸引力。

曲调温柔的情歌《柔情蜜意》，虽取自纲仓一也的原曲，但本首歌听来并无太多东洋意味，反而像是为张国荣量身打造的。歌曲唱的是一对恋人的窃窃私语，郑国江的填词婉转动人，由张国荣略带沙哑的嗓音演绎出来，更能让人感受到一对亲密爱人之间的甜蜜情愫。

《H_2O》，顾名思义，“水”的化学表达式。实际上，这首歌确实带有一些对男女性爱层次的描写，旨在表达爱甜如蜜桃，只是以“水”这样一个有些暧昧的形式表达出来，倒也十分切题。这首歌入围1984年的劲歌金曲季选，谭咏麟在宣布时曾带有一丝夸张地赞扬“哇，这首真够劲”，想必是通俗说法中对这首歌的一种普遍认同。同样隶属华星时期劲歌金曲的代表作，《蓝色忧郁》讲述了一个风流的男子到处买醉的故事，林敏聪作曲技巧独到，更值得赞扬的是，张国荣出色的舞台演艺水准，当那一声前奏”woo woo”响起，他浑身所洋溢出的青春气息，让人心潮澎湃。

特别值得一提的是，本张专辑所收录的《缘分》，这首同名主题曲本身所具备的意义，恐怕早已远远超过电视本身。张国荣于1984年初成天王，而梅艳芳也在同年朝着百变天后的地位迈出了坚实的第一步，两人事业同步发展，可谓是华星唱片的“镇店之宝”，而《缘分》便是二人的首次合作，水准自然不在话下。整首曲子珠联璧合，情真意切，这样天衣无缝地合作此后还有一首《芳华绝代》，但遗憾的是，《缘分》确是两位天王天后在20世纪的唯一一首对唱情歌。

值得一提的是，2002年，在梅艳芳“极梦幻”演唱会上，张国荣的最后一次舞台演绎，也是献给了《缘分》这首歌。当时他已饱受抑郁症的摧残，却还是带着优雅、从容的微笑，与梅艳芳深情地做了一场完美地表演。

“你我相隔多么远哪年哪天可相见那处境可会改变”

此情此景，同台歌唱者如张国荣与梅艳芳，一定是情从心来，情真意切的。

但怎可知，前面所提到的这些歌曲在1984年的夏天都只是小小陪衬，因为谁也没能料到，因为一首《Monica》，让整个香港在一夜之间，突然变成一座熊熊燃烧的热舞之城！

《Monica》有多红？这首歌令张国荣以绝对优势在次年1月的“十大劲歌金曲中”斩获一席之位，也是从此时开始，直到1989年宣布告别歌坛，张国荣从未缺席这个奖项！

《Monica》有多红？据香港媒体报道，《Monica》迅速蹿红，引爆香江两岸，香港的大街上，除却谭咏麟的Fans和年迈老朽，人人听着劲爆的音乐，大跳张国荣自创的一套动作，“Thanks，Thanks，Thanks，Thanks，Monica”不知点燃多少人的青春，从而成为他们那一代人的美好回忆！

《Monica》有多红？因为这首歌，香港不知有多少女生开始为自己改名为Monica，就连同时期由张国荣主演的电影《缘分》，其中张曼玉所饰演的女主角都临时改为Monica！

《Monica》有多红？此后张国荣每逢举办个人演唱会，均有舞曲劲爆的《Monica》，他在台上激情跳跃、活力四射，那套由他自创而流行的张氏舞蹈则透尽一代天王初期的奋斗热忱！

《Monica》为何如此受欢迎？

这首歌原是日本歌手吉川晃司的作品，那年陈淑芬和张国荣前去日本参加当地音乐节，当他们第一次听到这首歌时，就笃定这首歌若改编成粤语进行发行，一定能引起香港市场的关注！果然，两位搭档凭借精准又默契的敏锐度，使这首产自日本的歌曲在注入张氏血统后，脱胎换骨，迅速帮助张国荣确定其在香港乐坛的当红地位。

整首歌曲简单明了，一气呵成，从音乐的编排到歌曲演唱皆干脆利落，没有一点拖泥带水，浑身透着一种敢爱敢恨的爽朗劲。

1984 年劲歌金曲颁奖典礼结束，张国荣满载而归，正是这首《Monica》，使他开始具备与谭咏麟分庭抗礼的资格与实力。

正如歌中所唱到的，“谁能代替你地位？”如今，这位香港乃至整个华人歌坛、影坛的巨星离开已十年有余，然而，直到今时今日，乏善可陈的娱乐圈，又有谁能代替“你”地位？

做一缕不羁的风

我很明白要抓住机会，错失了一去不复返。一直努力不懈，加上天时、地利、人和及本身的条件才有今天的成就，我要好好珍惜。

——张国荣

1985年8月2日，香港红磡体育馆内，人声鼎沸，热闹非凡。

十几分钟后，张国荣“夏日百爵演唱会”将于此正式举行。

这是他踏入乐坛以来，首次举行如此规模盛大的个人演唱会，在距离演唱会还有一个月时，演唱会门票就已全部售空，甚至引发一票难求的火爆场面。

早在年初，有心办好此次演唱会的张国荣，就为自己制定了一系列锻炼身体的计划：考虑到是第一次连唱十场，大到如何保持声音清新透亮，如何调动全身积极配合演唱会伴奏，如何掌控演唱会秩序，小到每个小细节的完美演绎，张国荣都有精确打算。

为了保持最佳的状态，半年多以来，他每天清晨都坚持游十六个塘，晚上则跑步练气。

为了更好地宣传演唱会，华星唱片公司推出《全赖有你夏日精选》为他造势，因此《全赖有你》亦是此次演唱会的主题曲。

这一年，香港乐坛激情澎湃、暗流涌动。在看似平静的市场下，每位歌手都在拼尽全力。

曾在粤语歌坛呼风唤雨的许冠杰推出全新大碟《最紧要好玩》，以灵气与不羁向人们宣告他歌神地位的持续稳固。日后的“歌神”张学友，刚从十八区业余歌唱大赛中斩获冠军，于这一年推出了自己首张唱片专辑《Smile》，市场反响不俗。与他同时出道的另一位歌坛新人吕方，也如猛虎捕食、气势强劲。

歌坛新秀层出不群，而歌坛老人势必也要更上一层楼，谭咏麟、张国荣和梅艳芳厚积薄发，三人通过各自努力，均实现了对香港乐坛的绝对统治。其中，当时与张国荣同处华星唱片公司的梅艳芳，于1985年第一天即推出职业生涯最为经典的歌曲《似水流年》，郑国江的填词依旧情意绵绵，喜多郎的谱曲则温婉动人，词曲风格相得益彰，匹配度如此之高，令她不久便拔得头筹，成为当仁不让的香港天后。

谭咏麟与张国荣，这对不久即迎来“谭张争霸”的两位主角，亦在这一年实现了音乐上质的飞跃。

谭咏麟的《爱情陷阱》和《暴风女神》一经推出，即成为年度大热，更在此时期于香港红磡举办了一连20场演唱会，充分展现了他作为“歌坛一哥”那不容置疑的人气。

而张国荣自1984年凭借《Monica》奠定乐坛一线歌手地位后，于1985年完成了诸多第一次。第一次在CD中发挥自主性的专辑《为你钟情》推出，第一次演唱会——红磡体育馆连续10场，以及第一张精选集《夏日精选全赖有你》。

与张国荣众多人生“第一次”相关的本专辑第一首《第一次》，与《Monica》阵容相似，同样是翻唱东洋歌曲，同样由黎彼得作词、黎小田编曲。单论这首歌，从词曲上也都算精到，但却未有《Monica》的天时地利人和，因此也没有获得后者如此显赫成绩，但也成功打入了十大劲歌金曲的季选。黎彼得的歌词多是市井味浓，他本人接受采访时也说过写“命里有时终须有，命里无时莫强求”的词，其实是受到路边广告牌的启发。这首《第一次》也是如此，用舞曲的形式劝慰八十年代的年轻人勇敢尝试、勇敢去爱。

尤其值得提出的是，《第一次》是张国荣第一次登台演唱会所演唱的第一首歌——1985年，当他从红磡体育馆的升降台上缓缓升起，用略显笨拙的舞台动作在自己的个人演唱会首秀《第一次》时，这首歌曲就有了难以磨灭的纪念意义——日后的一代天王巨星，首次登台演出，第一次如此青涩，第一次如此充满期待，第一次，辉煌的事业汹涌而来。

《第一次》节奏鲜明，是这张专辑的一首快歌，同时也体现了这张专辑最鲜明的特点——快歌比重明显增加。也许，华星想要延续《Monica》所带来的大热，所以快歌和翻唱日本歌的数量，在这张专辑上都有明显提升。

组成本张专辑的十首歌里，六首快歌有五首翻唱自日本原曲。只有《七色的爱》是香港本土制造。由林慕德（曾为罗文创作过《激光中》）作曲兼编曲、潘伟源作词（当时香港乐坛二潘名声如日在天，而张国荣上几张专辑的“押宝”成功，是华星唱片愿意下足血本为他请来著名词人填词的一个重要原因），这首词像是情书中的句子，将爱人对自己的爱比喻成七色的彩虹，现于风雨之后。

五首翻唱的快歌虽皆来自东洋，除却前文提到的《第一次》，每首的风格千变万化。《雨中的浪漫》是一首轻快的音乐小品，同样由潘伟源作词，黎小田编曲。这首歌描述了一个雨中的故事，音乐开头便有一串悦耳、动听的雨声，美丽的姑娘忘记带伞，周身被淋透，却在雨中显得越发娇艳动人——“秀发已乱，胭脂都点点洗去，更美得似梦幻”。

这时，由张国荣扮演的主人公——一个帅气的小伙就要登场了，他及时对姑娘施以援手，借出了一把伞——“借出这把伞两家一把伞”。主人公希望这场雨持续下去，这样才能和心爱的姑娘共处得久一点，便“抬头问雨点，可否撒一晚，帮手撒一晚”，直到和她“相拥怎分散”。唱《雨中的浪漫》时张国荣已近30岁，以如此“高龄”还能将一首少男情歌演绎得如此生动，可见他用唱腔表达歌词的非凡功力。

此张专辑中打榜成绩最成功的两首快歌，是《少女心事》和《不羁的风》。

这一年香港红磡的演唱会上，这首歌被安排在《风继续吹》之后，动感十足的音乐旋律即刻响起，前一分钟还身背偶像包袱的张国荣立即脱掉领带，卸下马甲，迅速地换上了飘逸而设计感十足的长衬衫，他颈上搭一条别致的围巾，自升降台上一跃而下，热情地同台下歌迷握手互动。

这首歌的编曲非常尊重原作，非常日式，在进入前奏的一刻即动感十足，令人热血沸腾——我突然想，这首歌倘若换由郑国江或黄霑创作，那一定不会如此的活力四射。

此后，这首日式风格十分明显的歌曲，张国荣也曾在他多次斩获劲歌金曲时演唱，印象最深刻的是他与日本歌手龙川九介同台表演的盛况。一位翩翩公子，一位华语贵族，深情交流起来，竟也那样动人。

《不羁的风》是本张专辑中在商业宣传上获得最大成功的一首歌，在颁奖礼上更是同时斩获十大劲歌金曲、十大中文金曲。巧合的是，谭咏麟在这一年所推出的《爱情陷阱》竟与这首歌风格极其类似，联想到日后两位天王乐坛火并的盛况，只觉此时这“撞衫”的现象别有一番味道。

停住这风 BABY

长夜抱拥 DARLING

如今这个浪人

只想一生躺于你身边

歌曲描写一个浪子曾发誓过如风一样的日子，但在遇到一个善解人意的女主角后，一心想要用爱修补内心缝隙更决意“停住这风”。

因这张唱片除了有六首快歌将张国荣天王气势十足的动感劲爆的一面展现出来之外，另有四首慢歌展现了他深情款款的一面，因此，市场对它的评价是“双面张国荣”。与此同时，一代巨星可动可静、可深沉婉转又可劲爆十足的乐坛个性，也已然成型。

《为你钟情》是由张国荣同年主演的电影《为你钟情》的同名主题曲。它的词作者黄霑说，“这是一首属于中国人的婚礼进行曲”。确实，编曲庄重大气、歌词至真至诚，再加上张国荣深情款款的演唱，整首歌听起来具备一种仪式感——仿若置身婚礼，一个女人经由挚爱亲人相托，最后将一生交付爱人手中。

为你钟情倾我至诚
请你珍藏这份情
从未对人倾诉秘密
一生首次尽吐心声
望你应承给我证明
此际心弦有共鸣
然后对人公开心情
用那金指环做证
对我讲一声终于肯接受
以后同用我的姓

这首歌中，有“为你钟情倾我至诚”的承诺，有“望你应承给我证明”的期待，也有“然后百年终你一生”的忠贞不渝。而那句“以后同用我的姓”，几乎是所有华语情歌里，对得到爱人的喜悦心情所作出的最完美的阐述和诠释。

这张专辑的封面，张国荣戴了一枚卡地亚三色金戒指，他本人说这是“朋友相送”——当然，现在的我们都已经知道，这枚戒指是何人赠予了。也许，这首歌正是张国荣想要对身边的那个人说出的心里话。所有的痴爱，所有的忠贞，所有深刻的爱慕和贴心的追随，都在词里、曲调里，一一呈现出。

“为你钟情”掀起一阵张国荣热，后来更成为人们热爱他的一种表达方式。公司为避免同名，特意将“为你钟情”变成“张国荣为你钟情”——这句话道出多少荣迷对他的深情！

值得称赞的是，张国荣一生都在践行“为你钟情”，对家人他嘘寒问暖、关怀备至；对爱人真心以待、忠贞不渝；对朋友极力提携、肝胆相照；甚至是对歌迷、影迷，也都热情洋溢、照顾有加。

这张《为你钟情》，在日后回忆起来，也许只是张国荣盛大辉煌的乐坛战绩中小小的一笔，但却在1985年的盛夏，为我们描述和展现出一个双面张国荣，他可以劲歌热舞，亦能够深情款款，但却始终诚挚待人。

蜚短流长，一人默默走过

Leslie是一个很为自己打算的人，他会算着何时引退，赚钱的指标，将来的生活，一切一切心中有数，因为他认为：连自己都不疼自己，不保护自己，谁保护你哩！所以这些年来，Leslie都视工作至上，为的是履行目标，不迷失自己，不做金钱的傀儡，在红星以外，Leslie 还是个有血有肉的人！

——填词人梁小美

1985 年的张国荣意气奋发，在乐坛、影坛均有出色表现，收获颇丰。特别是在乐坛上，凭借《Monica》人气一路飙升，直接进入一线歌手阵列，同时他本人也成为当之无愧的人气偶像。

彼时，谭咏麟依旧大红大紫，就连年末的颁奖礼，最受欢迎男歌手的奖项也一直是花落谭家，又在红磡连开二十场演唱会，且以场场爆满的绝对优势证明自己歌坛一哥的地位不可动摇。

到了 1986 年，香港乐坛真可谓竞争激烈。一方面，许冠杰、罗文等歌坛前辈使出浑身解数，各领风骚数十载；另一方面，中生代的谭咏麟、钟镇涛、张国荣和相对新生代的张学友、吕方亦有不俗表现。

强者林立，然而仍有三位巨星冉冉升起，在这片弹丸之地引发视听震撼。这三人即是谭咏麟、张国荣、梅艳芳，他们全部经过偶像包装，从而引发另一股追捧偶像的潮流，其中由于谭张二人同为男歌手，因此两人的斗争尤为激烈。

香港媒体人张文新曾说，“当时可说是谭咏麟和张国荣两个人的世界，大家斗的好激烈。”而香港电台收到的来自歌迷的点单则更具说服力：不是谭咏麟、谭咏麟、谭咏麟，就是张国荣、张国荣、张国荣。

根据调查，在 1986 年的电台播放周冠军数，谭咏麟有《朋友》《第一滴泪》《无言感激》和《珍重》四首，张国荣有《谁令你心痴》（与陈洁灵合唱）、《打开信箱》《Stand Up》《黑色午夜》《爱火》《当年情》和《有谁共鸣》七首。而劲歌金曲的季选中，谭咏麟和张国荣分别是四首和七首。十大中文金曲中，谭咏麟两首、张国荣一首；十大劲歌金曲中，二人均为两首，但劲歌金曲的金奖被《有谁共鸣》一举夺得。虽然最具分量的 IFPI 大奖（即全年唱片销量冠军）和最受欢迎男歌手依然被谭咏麟摘得，但张国荣的《有谁共鸣》和《当年情》两首金曲却把最佳作词、最佳作曲和最佳编曲一一囊括——回顾两年前，1984 年的颁奖典礼上，正是谭咏麟以绝对优势包揽几乎全部奖项。

谭咏麟的“老当益壮”，张国荣的“奋勇直追”，已经不可避免地将这场战争打响，并且愈来愈白热化。而谭张争霸不仅要拼人气，更有音乐品质之间的暗自较量。张国荣于这一年推出的两张全新大碟《Stand Up》和《爱火》，音乐品质相比之前，更为精到，几乎算是他在华星的质量较高的两张，同时这也是他在华星的最后两张唱片。《Stand Up》主推 80 年代香港年轻人钟爱的劲歌舞曲，《爱火》主推张国荣更加擅长的抒情慢歌（当然两张专辑并非全部都是快歌和慢歌，此处的“主推”意指这两张专辑比较鲜明的风格以及被唱片公司选取打榜的曲目）。

《Stand Up》的封面直指音乐风格，张国荣从头到脚分别以黑墨镜、黑衣、黑裤和黑皮鞋亮相，手抱红色的电吉他，姿势劲爆十足，而烙印在封面上的英文签名龙飞凤舞，那种热玩音乐、放荡不羁的神态跃然纸上。在推广方面，华星更是另设计以黄、绿、紫三色大碟与黑色碟进行同步发行，由此可以推断张国荣此时在公司的巨星地位。

同前几张专辑一样，这张《Stand Up》的劲歌舞曲大多来自于翻唱，不过这丝毫不影响张国荣将自己的感情很好地运用和注入歌曲旋律当中。

专辑一经上市，即有出色表现：《打开信箱》在派台中取得周冠军，这是一首伤感的快歌，张国荣在MV中沿用了封面的形象——他抱一把电吉他在话筒前，神情有如不羁的风，肆意快哉。这首歌由林敏聪作词，词句简洁明快，将一个打开信箱却找不到心上人信件的失落男人描述得生动传神。

专辑的同名曲《Stand Up》是张国荣快歌的代表作，“Stand Up”在歌中像是个slogan（口号），劝大家放下拘束一起纵情。从曲风到电吉他为主的配器，甚至是MV和现场表演，这首歌都与迈克尔·杰克逊当时推出不久的代表作《Beat It》十分相近，当张国荣在五光十色的镁光灯下，扬起一只手臂用力挥舞，很容易让人想起《Beat It》经典舞步——杰克逊此时正处于音乐事业的巅峰状态，他在世界范围内引领这类舞曲并掀起了疯狂的热潮。

同年10月，张国荣推出大碟《爱火》（部分资料称为《迷惑我》），但此张专辑的封面却是“张国荣”三字，因此很多人也称此唱片为同名专辑。《爱火》由张国荣亲自操刀，是他第二次尝试歌词创作。仔细观察，就会发现，“张国荣”三字第一次与黎小田并列出现在监制的名单中——自出道九年以来，这是他在自己的音乐专辑中第一次拥有如此大的主导权，因此不难想见，这想必正是相较以往，这张唱片品质具有明显提升的原因之一。

由张国荣一手填词的《爱火》，韵律整齐、歌词连贯，听来别有一番韵味。凭借较高的品质，此歌入选当年第四季度的劲歌金曲季选。就在《爱火》宣布得奖的直播现场，恰逢张国荣在红磡体育馆举行他第二次的个人演唱会即“86 浓情演唱会”，因此无法亲临颁奖典礼现场。按 TVB 的规矩，歌手不到场不予以颁奖。

但无线最终考虑到张国荣此时所在的“华星唱片”隶属无线的嫡系唱片公司，并且张国荣此年人气暴涨，如若不颁奖势必引发坊间争议，于是无线为张国荣破了一次很大的例——将颁奖典礼连线到红磡体育馆张国荣演唱会的现场，当主持人邓丽盈出现在红磡体育馆，并且来到张国荣的身边宣布《爱火》得奖时，整个红馆顿时一片沸腾，瞬间上演爱与火热烈交融的场面。在歌迷的热情欢呼下，张国荣当即再次激情演唱起《爱火》，着实让大家过足了瘾。

然而就在此时，违和的画面突然出现。当热情欢腾的画面再次切回到无线的录影棚内，主持人蔡枫华却突然放弃之前早已安排好的台本，转而对着镜头说：“其实一位歌手，得奖与不得奖是无所谓的。我自己的《爱不是游戏》没有得奖，不要紧。但是我希望当歌手的，无论别人的歌也好，自己的歌也好，都会一样的欣赏。那么，刚刚看了张国荣的演唱会，我亦诚心恭喜张国荣得到了三首第二季十大劲歌金曲，但是‘一时的光辉，未必是永恒的’。我想……”

此话一出，全场哗然。

五年后，这段别人的讥讽和刺痛，由张国荣在《纵横四海》中以台词的形式亲口说出。

张国荣：女人是要有人爱的，要有人疼的！

周润发：我知道结了婚之后，我会失去民主、失去自由，所以我追求的是一刹那之间的这个光辉。

张国荣：难道你没听人家说过刹那的光辉并不代表着永恒吗？

“难道你没有听人家说过刹那的光辉并不代表永恒吗?”从1986年蔡枫华的脱口而出，到1991年张国荣在电影中的亲口陈述，且是以一种极其认同、肯定的语气向对面的周润发发问，这个画面表面看起来既辛酸又心疼，让人联想到莫非五年来，张国荣始终记得当年的颁奖典礼上，前辈对自己的调侃？但其实这种带有自嘲意味的台词，恰恰说明张国荣一直是坦然面对蔡枫华的那番讥讽，并以此鞭挞自己兢兢业业，丝毫不敢懈怠。况且，蔡枫华在香港歌坛的地位颇高，后也曾受张国荣亲邀担任其某场演唱会的嘉宾，想来当时并不是故意要为难后辈。

不过，他原本不必过多担心，日后，他风华绝代，更是以实力证明，他的光辉，注定灿烂、永恒。

到了80年代后期，唱片业开始变革，因此专辑中的《爱慕》并未收录在本张黑胶版本，而是放在了CD中。

这首《爱慕》，翻唱自日本实力与偶像特质兼具的歌手西城秀树的《追忆の瞳》，在原有编曲的基础上，由郑国江改成粤语版。

我纵已耗尽了，我满心爱慕
是爱慕，爱慕，叫我心痛苦
爱慕，爱慕，达到疯颠程度

经由张国荣低沉浑厚的嗓音演绎，这首《爱慕》是伤痛的爱慕，是悲情的爱慕，更添一份爱而不得的辛酸与嫉妒。同时，张国荣对歌曲的舞台演绎风格，也在这首歌上得到了极好的展示：1987年第一季劲歌金曲的季选时，他还只是稍微加几个夸张的动作；到了1989年告别演唱会，则索性脱掉马甲，走出自然台风；

“跨越97”则展现出自己内敛深沉的一面，当他一边唱着“心迷路”一边微微颔首上扬，台下的歌迷尖叫了数十秒；而最令人震撼的则是2000年“热·情”演唱会上的版本，歌曲旋律响起的第一刻，他即时泻下一头乌黑长发，一个性感的形象应运而生。

本张专辑最为出彩和传唱度最高的两首歌——《当年情》和《有谁共鸣》。《当年情》使张国荣一举夺得次年十大劲歌金曲和次年十大中文金曲，而《有谁共鸣》更是登顶十大劲歌金曲，夺得金奖。

《当年情》是电影《英雄本色》的主题曲，2003年，张国荣去世后，为缅怀这位伟大的艺术家，四大天王曾于当年的香港电影金像奖颁奖现场进行合唱，后辈们一同致敬前辈，那情那景，看来、听来，恰透着一股悲凉、不舍的意味！而每当提起《英雄本色》这部电影，以下这段独白也总让人印象深刻：

片中小马哥将受伤的腿重重敲在桌上，“三年，我等了你整整三年”！

然而，实际上，每个人都等了不止三年，四个失意的电影人，为这部悲情电影注入了生动、鲜活的能量。

《英雄本色》大获全胜后，人们定义它“挽救了狄龙过气的颓势，让票房毒药周润发扬眉吐气，让影坛新人张国荣有了一个良好的开局，让面临危机的吴宇森扶摇直上成为最受欢迎的导演之一。”——是的，这样的评价很客观，《英雄本色》何止挽救、造就了四位艺坛英雄，更令四人成为生活中亦能患难与共的好兄弟！

今日我，与你又试肩并肩

当年情，此刻是添上新鲜

黄霑填词情真意切、恢宏大气，将重遇故人的喜悦之情抒发得淋漓尽致，而曲调的主歌、副歌过渡自然，结构得当，朗朗上口又不会沦为口水歌。编曲以口琴声开场，主歌部分多用钢琴，而间奏再次使用类似口琴的合成器作为点缀，到了副歌甚至穿插电吉他等，每种乐器都物尽其用，使整首歌自然流畅。

《有谁共鸣》翻唱自谷村新司，由小美重新填词，与《当年情》一样，是一首无论在整个华语乐坛抑或张国荣的个人音乐道路上，都极具代表性的诚意之作。

更为重要的是，这首歌唱出了张国荣的心声，而发生在歌曲背后的故事，更值得人回味与深思。

想退后心里知足我拥有
前去亦全力去寻求
风也清晚风中我问句星
夜阑静问有谁共鸣

这是1986年年度十大劲歌金曲的颁奖典礼现场，音乐缓缓响起，哥哥锦衣华服站在舞台中央，镁光灯下，他满目柔情的演绎一举夺得本次颁奖礼金奖的歌曲——《有谁共鸣》。

就在几分钟前，当颁奖嘉宾宣布《有谁共鸣》得奖时，司仪俞琤打趣道：“好了，二比二，打成平手了！”她口中这个没能具体道出姓甚名谁的大人物人人皆知，正是当日在澳洲举行演唱会，同样一举夺得两奖的谭咏麟。

没想到此言一出，立即招来台下嘘声一片——“伦迷”准备“喷口水的环节”早已多时，眼下终于等到张国荣上台献歌！

这一年，张国荣凭借两张优质大碟，人气急剧高涨，直逼此前早已红透香江的谭咏麟，两人竞争越发激烈，似是一场“既生瑜何生亮”的残酷争夺战——从唱片销量、歌迷数量以至得奖数目都是媒体的爆炒对象。

而乐坛颁奖礼更是恰如其分地将这场白热化的竞争如实呈现。但凡举行颁奖典礼，现场气氛总是异常尴尬，空气中弥漫了浓浓的火药味。两派的歌迷为了忠于偶像，相互势不两立，观众席上常年“各据山头”，歌迷们相互疯狂挑衅，厮打叫嚣。

这天晚上，对于站在舞台上的张国荣来说，甫踏上颁奖台即被“伦迷”大喝倒彩的境况使他心绪不宁，即便台下的荣迷同样声嘶力竭，于他誓爱，那蔑视的倒彩声还是坚硬地扎进了他的耳朵。凭借自身努力终于获得光明，他理应感到无上光荣，但此时此刻，内心深处却只剩下一阵强烈的刺痛。

在歌曲间奏时，张国荣神情坦然，望着台下深情道出告白：

“有些人得到成就，是用很短的时间；有些人要得到一些东西，需要比较长的时间。不过至少，我现在所得到的东西，都是我自己很努力去争取的。”

张国荣凭借自身努力获得诸多殊荣无可厚非，但偶像本身的确无法左右歌迷喜好，何况当年谭咏麟亦有多部经典唱片问世。两家歌迷为支持各自偶像，不惜于公众场合相互喝对方偶像倒彩，甚至采取各种极端行为，由此引发轰动一时的谭张争霸事件。

如今想来，为何当时的香港会出现如此喜好严重的两极分化？

香港电台主持人倪秉郎解释，“我就觉得以前的歌迷，才是真正的歌迷。所谓真正的歌迷就是，只喜欢一位歌手，不会移情别恋”。

或许正是那个年代的歌迷的“忠贞”，才致使谭张争霸事件愈演愈烈。

就连谭咏麟自己都说，“两派的歌迷互相叫骂，说一些难听的话，有时令歌手很难堪”。但实际上，我们都知道，张国荣与谭咏麟两人并没有任何争霸概念，即便有，也是同作为乐坛歌手，相互竞争和激励的正面较量。

但不管怎样，这场与谭咏麟的争霸之战对张国荣来说，他来势汹汹、势如破竹。

只是，面对暗潮涌动、凶险重重的娱乐圈，每当张国荣登台唱起这首歌，或许，这亦是来自他内心深处最真实的发问，“夜阑静，有谁共鸣？”

第二辑　我就是我，不一样的烟火

在短短四年中，他扶掖过我旗下不少新人，例如为黄翊作曲为柏安妮设计形象。可见 Leslie 那份强烈的创作欲念与他给外间人那种漫不经心、苟且马虎的错觉简直就是两件事。

——前新艺宝总经理陈少宝

再出发，只为相信雨后有彩虹

> 我想告诉每一个人：坚持奋斗努力吧，不敢保证上苍对你一定公平，起码你已尽过力，对得起自己，也就不枉此生。
>
> ——张国荣

1986 年，由于在人事和制度上发生了一些重大变故，陈淑芬毅然决定离开华星，成立了“恒星娱乐有限公司”；而张国荣因与其合作多年，形成默契，随之与她签下经纪人合约。而他与华星公司的唱片合同也即将到期。

张国荣是一枚闪闪发光的金子，对于各家唱片公司来说，谁能签下他，谁就将拥有无限财富。此时刚刚成立一年左右的新艺宝的总经理陈少宝，便时常主动联系陈淑芬，要她帮忙拉拢张国荣加入自己的唱片公司。

也许是他这份求贤若渴的真诚打动了上天，他竟在“十大劲歌金曲颁奖典礼”的后台，偶遇张国荣。俩人一见面，他本来打算寒暄几句，却没想到张国荣开门见山，“快点谈签约!”这令陈少宝惊讶之余，更感到难掩的兴奋。

三个月后，张国荣正式成为新艺宝的合约歌手。

华星唱片公司坐拥罗文、梅艳芳、甄妮等天王、天后，实力雄厚，张国荣此时也已凭借多首脍炙人口的流行歌曲获得歌迷赞赏，发展前景极其辉煌，他为何要在约满之时转投成立不过一年有余、实力尚弱的新艺宝?

后来，我们从一直“效忠”华星唱片公司的梅艳芳身上得到了答案——她在华星唱片时期便已是众所周知的性感天后，而到了华星娱乐时期，虽始终稳坐乐坛天后宝座，却也没有挖掘出更新的特色，只是在时光的流逝中化身资深天后。如果张国荣继续留在华星，无疑是另外一位资深天王，而不会有日后那多变的形象，所谓风华绝代，大抵用在他身上，更显真实。更何况，后来黎小田逐渐淡出，对梅艳芳的事业发展造成了一定程度的阻碍，倘若张国荣同在华星，这份阻力将同样显示在他身上。

从最初的“宝丽多”到“华星”，再到“新艺宝”，张国荣的音乐道路可谓历经坎坷，却也在颠簸中感受到刺激，获得音乐创作上的灵感，由此创作出一张张激情迸发、活力四射的完美唱片。

《Summer Romance'87》带有明显的新艺宝的音乐专辑制作特色，公司不惜花重金打造，唱片封套摄影邀请了日本知名摄影师Nouharu Kondo助阵，在业已成形的唱片封面，张国荣身着白色西装一手插袋，神情安宁，十分绅士、儒雅。而封底则是他或安静坐于桌旁，或着花衬衫、黑裤子靠在墙边。对比他与此前发行的唱片封面，可以很明显地感觉到，就照片的拍摄或张国荣本人的姿态呈现，都比华星时期添色许多。

而专辑中部分曲目的制作编曲，公司也同样邀请当时极具名气的日本音乐人参与制作，以打造成具有国际潮流品味的全新专辑；更为难得的是，整张专辑的录制皆在日本完成——当时，香港乐坛的发展虽十分迅速，发展水平却难与日本并驾齐驱，这种做法虽加重了唱片成本，却直接甩掉了港乐的乡土味，更好地凸显了张国荣那浑厚、磁性十足的声线。

诞生于那样一个潮流、时尚的国度，《Summer Romance'87》将时下与潮流、时尚有关的元素以日本特有的手法都做到极致。虽有些赤裸裸的商业化，却极大地迎合了市场需求。

《Summer Romance'87》是内地引进的第一张张国荣专辑（引进时专辑名改为"浪漫"或《英雄本色当年情》），因此，内地的歌迷开始认识和喜欢张国荣，理应是从这张专辑开始。这张专辑不但是张国荣个人音乐生涯上的一次突破，更是香港乐坛音乐史上的一个极具里程碑意义的代表作。

值得关注的是，专辑的创作阵容也与华星时期决然不同，四年来在张国荣每张专辑的创作阵容里都要出现的名字"黎小田"在《Summer Romance'87》中首次"缺席"。也许对于一张艺术品的完成来讲，这是好事一桩——一个人的风格一定时间内很难有所突破，没有了黎小田的加盟，张国荣便能拥有更多音乐主导权，别忘了，他亦是一位才华横溢、当之无愧的歌曲创作者。除了他本人外，这张专辑的监制人加入了杨乔兴以及"太极"乐队的唐奕聪，也为此增色不少，而日后张国荣的"御用"作词人林夕更是首度露面，与词人林振强、林敏聪和组成“三林一黄”，阵容堪称无敌——新艺宝为这张专辑制作投入太多心血，终不辜负心意，使张国荣从头至尾焕然一新，得以以一个全新的姿态出现在听众的面前。接下来，让我们循着此张专辑美妙的名字，一起踏上难忘的夏日浪漫的音乐之旅！

首先听到的就是《拒绝再玩》，这首歌节奏感强，一上来便抓住人心，似是迫不及待地踏入节拍，与歌中男人一起颠覆人生，拒绝再玩——但这不是一种怯懦、保守式的妥协，而是一种阅尽千帆后，渴望回归平淡、返璞归真的率真。

“可以斥我古板我不再需要天天新款”，此句彰显人生品味，展现出我走我路，不需为获得他人认同而改变自我的自信姿态。

我们都知道，快节奏的歌曲听来虽容易让人情绪瞬间高涨，却不易将这种感情长时间保持。但这首《拒绝再玩》却属“异类”，它常听常新，每一遍都有全新的感受，可谓绝响。旋律中所渗透的那股洒脱和不羁，尽显真性情，经过张国荣演绎，歌中所传达出的并非单一的上进和循规蹈矩，正是其魅力所在。而且和声的应用也十分到位，与华星时期既突兀又喧宾夺主的和声相比，《拒绝再玩》的和声将原唱的气势更加衬托了出来。

多年后，再听此曲，心脏还是情不自禁踏着强劲的鼓点，跟随节拍欢腾跳跃。

没有遇到《无心睡眠》之前，也许人们从未想过，一首失恋的情歌竟还可以如此放荡不羁，有些洒脱，有些颓废，但却没有一丝哀怨。也许正是它的独特和新意，使它不仅入选1987年香港十大劲歌和十大中文金曲，更一度摘得最佳编曲……

《无心睡眠》作为此张专辑的主打，实至名归。更值得一提的是，整张专辑虽在日本制作完成，但这首主打歌曲却是地道的港产。若问到缘由，这背后有一段不得不说的有关谭张争霸的陈年往事。

1987年，东京音乐节即将举行，为了帮张国荣造势，陈淑芬、陈少宝帮他争取到了担任表演嘉宾的机会，而当时谭咏麟恰好也一同出席本次活动。

音乐节的标准是要求所有表演嘉宾演唱的曲目必须为原创。为了顺利参与，郭小霖和林敏聪两位优秀的音乐人连夜赶工，终于在音乐节开幕前成功地完成了这首《无心睡眠》。当天，直到登上音乐节的舞台，日本的影迷（他在日本的知名度主要来自于电影）第一次知道来自香港的影星张国荣同样是位优秀的歌手。一个有意思的细节是，由于他不擅长说日语，只好在进行自我介绍的时候拿出事先准备的卡片照读，却没想到，几分钟后，随着一曲劲爆的《无心睡眠》，整个现场都沸腾了，有很多日本人当即沦为他的歌迷！

歌曲编曲既有合成器的配声，也有电吉他间奏的大段solo，与歌词相得益彰，毫无违和之感。想必张国荣本人也十分偏爱这首动感十足、立意全新的歌曲，在他此后的多场个人演唱会中，这首歌成为必唱的经典曲目。

这首歌火爆到哪种程度?

梁文道曾言：那是一代人的背景音乐。

你打开电视、电台，是这句“忧郁奔向冷的天”；你出门逛街，耳边飘来的是“忧郁奔向冷的天”；和女孩子约会，餐厅里播放的是“忧郁奔向冷的天”。就连电影《表姐，你好嘢》这个与张国荣毫无关联的政治讽刺电影，当梁家辉在看到父亲和郑裕玲扮演的大陆女公安相吵时，嘴里哼唱出的依旧是“woo woo 无心睡眠”。

每当耳边响起这首《无心睡眠》，人们沐浴在强劲的音乐中，张国荣那挥洒自若的舞姿又在眼前，也许正是唐奕聪、杨乔兴两位制作人对于劲歌、快歌精准的定位，才有了这样一首精彩绝伦的好歌。

《够了》和《请勿越轨》同属两首快歌，《够了》的作曲者是来自菲律宾的乐师卢东尼，曾为不少香港天王、天后写过脍炙人口的名曲。这首《够了》的编曲就像它的歌名一样，是一场厚积薄发的大爆发，是一种不可抑制、血脉贲张的宣泄，配以林振强不拘一格的填词，唱起来够爽、够劲，这首歌既是对一段恋爱关系中的对方喊出“够了”的愤怒之语，也是张国荣对过去的自己作正式告别——从前音乐中的痴情、潇洒、不羁、挑逗，终于到了“是可忍孰不可忍”的愤怒地步，于是愤慨的情绪积蓄在嗓子眼，不得不大喊一声“够了”!

《请勿越轨》翻唱自荻野目洋子的《湾岸太阳族》，编曲是山崎稔（曾为罗大佑前两张专辑的大部分作品编曲）。《请勿越轨》是一首艺术与商业之间擦出奇妙火花的歌曲。

虽然，这张专辑的两位制作人都擅长操作劲歌、快歌，但本张专辑的慢歌依然保持住了华星时期的水准，甚至在编曲方面还有突破。与快歌的《无心睡眠》和《拒绝再玩》相对应的，是慢歌的两首主打《共同度过》和《倩女幽魂》。

其实，站在音乐角度分析，《共同度过》无论是从编曲还是主歌、副歌的结构安排，都不算张国荣音乐生涯中的顶尖之作，但因歌曲中饱含的浓浓情意，这首歌已然深入人心。“感谢”是这首歌的主题，当日后他每每站在舞台上，声情并茂，发自肺腑地演唱着：

感谢当天今天，即使多转变，你也一意跟我同行
没什么可给你，但求凭这阙歌
活在你心内，分开也像共同度过

像是将这些年来无缘同行的遗憾娓娓诉说，安慰人们无需遗憾这无法共度的韶华，因为自有这份心意可供传达，他是懂得的，懂得歌迷渴望与之同行的心声；懂得珍惜这份得来不易的珍贵情缘——无论是歌迷的一路宠爱，亦或黎小田一路的支撑。

写到这首歌，不能不提那首《有谁共鸣》：这首歌同样翻唱自谷村新司，两首歌更有相似的编曲与风格，旨在向人们诉说内心默默流转的一份深情。只是这舞台上的歌者历经伟大的蜕变，由对天发问有谁共鸣的那个迷茫、困惑的人，终做了与歌迷、同仁和朋友共同度过的一代天王。

《倩女幽魂》是张国荣走进内地音乐的一个有力标志。当年，《倩女幽魂》风靡两岸三地，这首歌作为电影的主题曲，更是为内地歌迷所津津乐道。在各大KTV里频频传出有意模仿张国荣的“人生路美梦似路长”转音，承载了一代人对于香港音乐、对于自身年少时光的难忘追忆。

这首歌的作词、作曲，均由黄霑一手完成，与电影可谓珠联璧合。当这首旋律明快、节奏鲜明的背景音乐响起，那个青春洋溢、木讷中透露些许可爱的书生宁采臣，便定格为一代人最经典的青春印记。不管是蕴含了电影主题和人生道理的歌词，抑或由传统乐器、合成器交织而成的悠远扬长的编曲，这首歌都要比华

星时期同样主题的武侠音乐高出几个等级。

《你在何地》虽非主打的歌曲，细细分析，也能获得别样滋味。

一首歌曲本身的生命张力，也许会随着时间的沉淀变得越发清晰——听张国荣的慢歌尤其如此。在你是一个天真孩童，尚未经历人间风雨时，也许不能体味他那极具磁性的歌声有着怎样的一种吸引，即便成年，懂得人情世故后，再听此旋律，心绪并不会随歌曲旋律扬抑沉浮，瞬间堕入回忆并不意味着情难自抑，你只是找到一块干净的角落，安静欣赏自己。低缓的大提琴音乐与细切的钢琴伴奏，先将你的心蒙上一层旧时风景，再随着他那迷离的声线去到远处的回忆，在那层层迭迭的冲击下，思潮澎湃，百感交集，待你幡然醒悟，已然沉醉其中。

《无形锁扣》的日式风格明显，菲律宾乐师杜自持为其打造的编曲也是可圈可点，曲中所描述的情思则是另有一番人生感悟。

也许每一段爱情的结束，都犹如一枚无形的锁扣。在相爱的时候，两个人恨不能将彼此刻入对方的骨头。可是不爱了，也是一种潇洒的告别，不会是虚情假意的挽留，或者不痛不痒的谩骂，即便对无奈的分手，于对方没有真诚的祝福，也能够坦然面对这段没有结果的恋情。一个人，要经过多少不成熟的感情，要伤多少次心，要转几次身，才能遇到那个上苍为自己命定的人。

想必，即便不能当即获得感悟，也能在这歌曲中思索、动情一番。

《情难自控》是张国荣第三次提笔填词，因写作主题为情欲，故他的词为整首歌营造了一种暧昧的氛围。同样是描写情欲的歌曲，张国荣此前的《H_2O》《甜蜜的禁果》属快歌，处处体现着一种“干柴烈火欲火焚身”的快感，而这首慢歌则避开快节奏的鼓点，只选用萨克斯、轻柔的和声，将本显得有些火热的“每次吻你，令我心中顿觉汹涌火般炽热熊”，甚至“只有感到俩体温的高涨”这样看来情欲高涨的词，成功地打造成一首优雅、充满情调的音乐。

新艺宝的全情投入，精细的制作手笔终于使张国荣拔得头筹——这张唱片一经上市，便创下赫赫战功，商业销量迅猛增长，唱片口碑也绝佳。尤为值得称道的是，凭借此张专辑，张国荣首次超越同时期发行唱片、被人指说总压在他头顶的谭咏麟，一举拿下当年年度唱片销量冠军。

有一个时代，叫“张国荣”

> 我憎恨比赛，每次比赛也把我和好朋友的关系拉远……既然其中一个已表示不拿奖，为什么仍要针对另外一个，难道要两人双双退休才可罢休吗？
>
> ——张国荣

1988 年 2 月 13 日，香港红磡体育馆“第十届十大中文金曲颁奖音乐会”的颁奖现场。

在暴风雨到来之前，现场秩序井然有条，一切看似正常。

突然，静默的观众席中有人小声说：“谭咏麟哭了，他好像有什么委屈。”

“谭咏麟，不要这样！”一名男子朝台上大声喊道，只见他神情紧张，面部肌肉猛烈地抽动。随即喧哗声、呐喊声从四面炸响，此起彼伏，现场陷入一阵混乱。

此时，站在镁光灯下的谭咏麟，手上正捧着刚刚从颁奖嘉宾手中接过的奖杯，然而，他的脸上并没有以往获得荣耀时所应有的春风得意，却是一脸黯然，神色忧愁，隐约中更见泪花闪闪，连唱红遍香港的《无言感激》也是战战兢兢、声线发颤。

此情此景，令一万多名现场观众和守候在收音机旁的忠实听众，无不感到错愕惊讶。

这一届音乐颁奖典礼，谭咏麟《Don't Say Good bye》和《知心当玩偶》分别入选“十大（中文）金曲奖”，他一人斩获众多奖项。

国际录像协会主席郑重向谭咏麟颁发IFPI大奖，周润发担当颁奖嘉宾，当他得知获奖人是谭咏麟，发哥心无城府，一向喜开玩笑，便对话筒笑道：“今年一定不是恶搞了，这次是真真实实阿伦拿了一个奖!”（传说之前谭咏麟曾花重金买奖）。随即发哥笑逐颜开地递交奖杯和奖状，却不想谭咏麟在接过奖杯后，表情严肃，戏剧性地做出一个震撼全场的领奖发言：

“我获奖，证明我付出的努力和你们的支持没有白费。对今次的奖，我特别珍惜，但是我每次获奖，都会有是非，因此，这将是我在乐坛最后一次领奖。在未来的日子里，我决定不再参加有比赛性质的音乐活动。”

此发言一出，全场轰动。歌迷情绪激动，喧哗声、吵闹声，瞬间湮灭整个颁奖现场。然而，谭咏麟似早有准备，仍旧对着话筒娓娓诉说：

“多年来，我拿过许多奖项，我现在把机会让给别的新人。我希望有更多的新人为乐坛带来新的冲击。我希望你们了解我，也都谅解我，日后，还支持我；给我掌声和鼓励，这是给我的最大奖，这个奖，我是永远永远摆在心里面的。”

观众席里的一名女子立即抱怨："都怪发仔（周润发），他不开玩笑刺激阿伦（谭咏麟）就没事了。"

"不关发仔事，都是张国荣逼走阿伦。"他身旁的一名男性"伦迷"立即字正腔圆地纠正道。

这一年，谭咏麟正式宣布不再领奖。

这样令人意外的举动，仔细想来，却在情理之中——从张国荣势头逐渐上升，此时的他已然能够同乐坛老将谭咏麟平起平坐，同分一杯羹。更何况《Summer Romance'87》的发行，使他首次在唱片销量上更胜一筹。所谓的"张谭争霸"到这一阶段，胜负可见。

这一年，乐坛其他一线歌手虽也有佳作问世，但明显不及张谭争霸的势头：陈百强推出《烟雨凄迷》，唯有主打歌稍显出色，整体虽销量尚佳，但已无法与张国荣同日而语；而1986年突出歌坛的"双子新星"吕方和张学友，分别因外形不够俊秀和酗酒等传闻，导致自己的事业道路不顺。早一点的乐坛老将罗文和许冠杰则有些告别各自辉煌时代的意味，兴许他们也懂得，乐坛如今是新人的天下。

与这些稍显惨淡的音乐气势相反，《Summer Romance'87》的全胜，使得张国荣成为音乐市场一颗炽热的明星，新艺宝决定继续大力培养和拓宽他的音乐道路，而老东家华星唱片，亦从他身上探出了巨大的商机，于这年适时推出精选唱片。

街道上各大音像店里陈列的他的唱片足有7种之多：三张新专辑——华星推出的《张国荣情歌集情难再续》，新艺宝推出的《Virgin Snow》和《Hot Summer》，两张Remix专辑——华星唱片的《张国荣（当年情）》，新艺宝的《LeslieRemix行动》，以及华星推出的精选集《张国荣劲歌集》，当然，还有一张来自当年在红磡体育馆一连23场演唱会的音乐作品《（百事巨星）张国荣演唱会’88》（亦有称为《88贴身演唱会》）。

几张专辑中，最具艺术艺术价值的当然还是两张原创专辑：《Virgin Snow》和《Hot Summer》。

《Virgin Snow》在制作上延续了《Summer Romance’87》的大手笔，新艺宝公司音乐制作团队将封面拍摄地选在加拿大，再一次证明了公司那独具一格的国际视野，专辑名意为“初雪”，封面十分切题，张国荣身穿一袭棉袍，立于皑皑白雪中，贵气十足。专辑的录音，同样全部在日本东京完成，编曲配器彰显着十足的日式风格。

新艺宝的总经理陈少宝回忆，由于《Summer Romance’87》太过成功，张国荣仍旧沿用英文为自己此时期的唱片命名，同样收录十首歌（另外一种说法是因他喜欢十全十美）。但不管怎样，《Virgin Snow》的确在一定程度上沿袭了《Summer Romance’87》，包括对慢歌、劲歌的分配，仍保持五五相对，甚至在主打歌、非主打歌以及快歌和慢歌曲目顺序的安排上也都参照了上张专辑。从歌曲制作到外在包装，这张专辑都透着十足的诚意，没想到的是并没迎来预期的好结果。而谭咏麟1988年的大碟《迷惑》在其一周后发行，随后便轻而易举地蝉联了十几周的冠军。也许，这样的结果对当时的张国荣又是一场无形的打击，从这件事情更可看出，谭咏麟的实力的确不容小窥，而这是否也说明，属于这两位乐坛天王的斗争，即使在谭咏麟宣布不再领奖之后，仍将持续升温？

打开专辑，首先听到的便是一首挑逗意味十足的《爱的凶手》，或者说是一首赤裸裸宣泄爱意、情欲的歌曲可能更合适。在一段鼓点动感十足的前奏结束后，张国荣以一段略带力量感的呻吟营造了一种性感的格调，不同于《无心睡眠》的竭力张扬，这首歌暗含更多的是挑逗与暗示。就歌词来讲，林振强将女性特有的性感、撩人的姿态拿捏得十分精准，极好地传达出一种挑逗的意味。

特别是那句"然后去越位"，与上张专辑中《请勿越轨》的"没有愿望越轨"形成强烈、鲜明的对比，可见张国荣在艺术的道路上的明显突破，他越来越大胆了，有一种为了艺术奉献自我的精神灌输其中。

《热辣辣》翻唱自美国灵魂乐殿堂级女歌手 Patti Labelle 的代表作《Lady Marmalade》，林振强将《爱的凶手》中所体现的热切情欲一路延续其中，歌词"我这晚热辣辣你这晚热辣辣"让主题一目了然，整首歌曲仍弥漫着欲火重烧、热辣不断的张力。而香港新生代歌手邓紫棋，也在火爆的音乐节目《我是歌手》中演绎过这首歌的英文原版。

值得一提的是，各方面如此完美的歌曲，所有的前奏终是败给一句译作"今晚和我睡觉好吗?"的法文歌词，如此直白、坦荡和凸显情欲的歌词，让这首情歌顿时充满了暗示与挑逗，却也因此差点惨遭被禁，果真是名符其实的热辣辣!

在 1988 年度十大劲歌金曲的颁奖礼，当周润发拿出装着获奖者名单的信封时，台下歌迷热火地一遍遍尖叫着"热辣辣! 热辣辣!"而发哥也极其懂得配合立即跟着讲了一句"热辣辣"，虽然名单上白纸黑字写着得奖的曲目是另外一张专辑中的一首《贴身》，但也足见这首《热辣辣》在当时有多火爆。

张国荣是懂得的，这首《热辣辣》特别适合做演唱会表演曲目：1989年告别演唱会，他使用前期的巅峰嗓音演绎了这首歌，与歌迷泪涟涟但更是“热辣辣”的告别；“跨越97”演唱会，与性感的舒淇“热辣辣”共舞，用“热辣辣”庆祝自己再次归来，更是回报歌迷这些年的倾情守候；“热·情”演唱会，他用沙哑的嗓音重新演绎这首歌，热辣辣地点燃那个热情似火、热辣冲天的炎炎盛夏。但可惜的是，他最经典的这三场演唱会的官方发行版本中，都未收录这首歌。那一场场热辣辣的演唱氛围，终是消失于岁月的风尘与变迁中。

相对这张专辑所收录的快歌来讲，《Virgin Snow》的慢歌，似乎更具有商业流行价值。《奔向未来日子》是《英雄本色2》的主题曲，依旧由顾嘉辉和黄霑合作完成，编曲仍是顾嘉辉。

在电影中，宋子杰因公受伤，当他在周润发的托力下，对着身上的那个电话筒，有气无力地与妻子探讨女儿的姓名时，观众只会感到揪心，在他说出为女儿所取的名字时，这首歌便适时出现。宋子杰牺牲了，唯有伤感的音乐弥漫在这有些悲惨的故事情节中，他慢慢闭上了双眼，却使人想要相信美好的事物永不会消逝，而是奔向了未来的日子：

无谓问我今天的事无谓去知不要问意义
无谓问我一生的事谁愿意讲失落往事

这样的词品味起来，意不在字面的失落，而渗透了一种无奈。剧中人物对命运的无奈感慨，同样作为《英雄本色》的主题曲，这首歌没有《当年情》的昂扬，却只一心将希望寄托于未来

——现实的命运是这样不可预知和操控，于是我向往大家能一同奔向一个明朗的未来。

《奔向未来的日子》便是向往明天的意思，但虽身怀希望，唱起来却难免伤怀。一如专辑的封面，张国荣孤身一人于皑皑白雪中，茕茕孑立，无所归依。

《雪中情》翻唱自香港歌坛第一代天王之一的关正杰，正是1978年风靡全国的《雪山飞狐》的主题曲，和关正杰的一贯风格相同，这首歌像是民间的粤曲小调，朗朗上口又波澜不惊。张国荣十分钟爱这首歌，后复将其收录在翻唱专辑《Salute》中，这首歌经过改编，在加入了一些日本特有的流行音乐元素后，听起来似风铃摇荡，增加了不少梦幻感。

《想你》是一首具有里程碑意义的歌——这是张国荣第一次作曲，与后期张国荣诸多个人风格鲜明的作曲不同，《想你》的旋律十分平缓、流畅，凸显他出色的作曲能力。在1989年告别乐坛演唱会上，张国荣首次现场演绎，他一边慢悠悠地唱着“想你但怨你，暗街灯也在想你，但却在暗示结局甚迷离”，一边挑逗地将衬衫衣扣缓缓解开，瞬间引发现场歌迷的一阵尖叫。

《最爱》堪称本张专辑的压轴之作，由李宗盛作曲，这首歌曾是张艾嘉1986年自导自编自演自唱的同名电影的主题曲。新艺宝将这首歌的版权买下后，郑国江先生保留歌名为其重新填词，就有了这首粤语版的《最爱》。张国荣此时圆润的嗓音将这首歌演绎得大气凛然，而纯钢琴的伴奏更衬托出了他动听的歌声。此后，更有多名著名歌手，诸如许志安、杨宗纬等人翻唱，足见这首歌的经典。

精心制作、水准一流的《Virgin Snow》并没能获得取得优良的市场成绩，为此，1988年的夏天，张国荣与新艺宝重新整装出发，发行了另一首以Summer命名的专辑《Hot Summer》。

《Hot Summer》的封面采用3D唱片封套，开创香港乐坛唱片发行包装的先例。随碟赠送红绿眼镜，当你将眼镜戴上，张国荣那熟悉的身影便映入眼帘。也许是要扳回一局，唱片公司孤注一掷，随专辑附赠同样以3D形式呈现的歌词本与影集设计。

在封面造型的选择上，张国荣有些“固执”和苛求完美的性格再一次显露无遗——原本陈少宝想要选用一张他微笑的照片，但他强烈反对。几次争执，双方均互不相让，虽然陈是自己的老板，但张国荣制作唱片从来都是精益求精，因此执意要选用那张他轻咬手指的照片。他在“妥协”后突然又跑到设计师陈幼坚的办公室请求更改封面，甚至不惜将专辑的发行时间推延。陈少宝只好同意他。

这张专辑收录五首快歌、五首慢歌，曲目安排上与《Summer Romance'87》也并无不同，有别于《Virgin Snow》，这张专辑延续了《Summer Romance'87》的成功。

专辑开篇，《Hot Summer》和《贴身》均是两首快歌，分别由来自菲律宾的乐师卢东尼，和之前曾为张国荣写就完美词作的潘伟源作曲、作词，因此可说是一首绝对有质量保证的快歌。

除了对快歌具有精准把握的杨乔兴，张国荣本人也参与了本曲的监制。在歌曲的一开场，张国荣就用不算有力但却坚定地“Hot Summer”，喊出了整个夏季的主旋律：热火夏季，应很多人所想，最热辣的夏天当然要发生在海滩上。这首歌所讲述的就是一个沙滩上的故事——在一个烈日炎炎的夏季，主人公来到海滩上晒日光浴，眼前除了一片蔚蓝的、令人舒心的大海，那些不时行走于沙滩的美妙少女更是构成了一种曼妙的风情。想象在一片悠悠的白云之下，以及一片蔚蓝的大海之间，这样一个动人的热火夏季，该是有多难忘和值得怀念！

《贴身》由卢东尼编曲、作曲，同是张国荣本人与杨乔兴共同监制。它的亮点在于陈少琪倾心填写的歌词。乍看歌名，人人都以为这首歌与张国荣前期劲歌中最常见的暧昧、挑逗题材一致，似在讲男女之间亲密的“贴身”，但其实在讲人与人之间的不信任。

慌张里的你着急去问，推测我今晚又胡混

慌张里的你愿不要问，可知我的爱全无憾

开篇便引出故事的主人公——一位频频被爱人怀疑的苦命男人，紧接着又进一步阐述了自己的解释，故事发展到最后仍得不到对方的体谅和信任，这副歌几个连续以“不”字开头的爆发，则是整篇歌曲的高潮，而最后一句“我极厌倦被你贴身像囚禁”点题，意即表示厌烦这种不信任的姿态，不愿再多忍耐。

算起来，《无需要太多》是林夕与张国荣的第二度合作。从第一首歌《妄想》中，可以看到一个初次与张国荣合作，还稍显有些稚嫩的林夕。虽然他那时已经是香港很有名的词作者，但他本人也曾亲口承认，他给哥哥的第一首歌写得一般。至于这次合作，因是张国荣主动有求于他，所以林夕倍觉珍惜，似是倾尽全力，最终写出一首没令整个乐坛失望的好词。

无需要太多只需要你一张温柔面容

随印象及时掠过空气中轻轻抚摸

无需要太多只要再三地望向我

请你望向我仍惯性笑笑似最初一样

仍感觉到你我也认识过

这一段是在讲自己对感情的知足。而到了该段最后一句，笔锋忽然一转——“世界太阔，你的哭笑不只为我”。此时看到这句才明白，原来无需要太多的原因，并非全都因为自己的知足，更是一种无私的给予——不希望爱人给自己太多的原因，是因为希望爱人除了自己之外，还能感受到这个世界的其他美好。

这张专辑封面的上空，漂浮着很多穿着宇航服的航天员——也许现在看来，这样的设计未免有些过时。也许这种设计是依据《可否多一吻》（这首歌是电影《我爱航天员》的主题曲）而来，电影讲述的是当时香港的移民大潮，影片中皆用航天员进行指代。

同一年，陈百强也有一首描写香港移民热的歌曲《神仙也移民》，单看两首歌曲的名字，大概能品味各自的意味。张国荣这首歌明显有了一层凄凉的意味，“活在半空里他方的绳牵紧”，“流浪远近但没法生根”似在描述一种远走他乡的无奈。

总结了这样多，不知你发现没，正是在这张专辑中，香港几支主流乐队的御用填词人集聚一堂（Raidas 的林夕、达明一派的陈少琪和太极的因葵），由此看来，新艺宝虽运作资历尚浅，但在乐坛的号召力一点都不逊色华星这样的老唱片公司。

《沉默是金》堪称整张专辑的重磅炸弹，是张国荣与粤语歌坛第一代天王许冠杰的首次合作，当时，许冠杰早已过了看重奖项或是销量的新人阶段，而是想要开心去玩音乐。因此他为《沉默是金》所作的歌词，秉承他嬉笑玩耍的一贯作风，而这四个字又似在倾诉人生态度，劝说大家做人不要太过计较、认真，更是奉劝年轻人放下包袱，“轻快笑着行”。

这首歌的诞生也是有渊源的。

在一次新艺宝艺员们的出席团拜活动中，张国荣表示有意向与许冠杰合作，而许冠杰此时正打算找一个有Band（乐队）背景的后辈合作（事先并没有考虑张国荣），他找到许冠杰，向他表明自己的诚意，两位对待音乐向来严谨、认真的音乐人，最终一个有情，一个有意，一拍即合。

于是，一个经典的曲目就此诞生。

在唱腔上，许冠杰一如既往的亲切温和，而张国荣偏似戏曲的唱法为这首歌平添了几分宛转悠扬，真可谓珠联璧合、相辅相成。抛开词曲所传达的人生哲理不说，许冠杰和张国荣也是从这首歌中，唱出了一段兄弟情谊，从此成为乐坛一大佳话。此后，每逢现场演绎这首歌，张国荣定要笑容满面地邀请他的这位同道中人，当两人分别立于舞台两侧深情演绎时，眉目间那种彼此相惺相惜的真切感情，随即涌现，无不令人动容。

但凡经典的歌曲，总少不了经典的演绎。这首歌此后萌发了许多版本：张国荣独唱版，干净利落；许冠杰独唱版，温厚踏实；张国荣与罗文合唱版，别开生面；更有张国荣、许冠杰为慈善晚会合唱的《沉默是金》改编版——《何必再迟疑》，当时这首歌是用来鼓动人们赤裸裸的捐款的，或许是因承载了一份道义，这首歌在当时显得更加富有人情味。到后来，杜丽莎版的沙哑、陈果的清新、张学友刘德华合唱版的致敬，都为这首原本就已是经典的歌曲，增加了更多风格的演绎，也增添了无尽的魅力。

令张国荣和新艺宝感到欣慰的是，这张诚意之作《Hot

Summer》，终于一扫《Virgin Snow》的颓势，在销量上取得不俗成绩。其实，平心而论，《Virgin Snow》亦是一张品质优秀的专辑，只是一首歌、一张专辑、乃至一位歌手是否取得成功，取决于天时地利人和等多重因素，并非人为所能控制。

市场反响的热烈，使《Hot Summer》一举夺得“两首十大中文金曲”和“两首十大劲歌金曲”。而“最受欢迎男歌星”的荣誉称号，在谭咏麟宣布不再领奖后，毫无意外地由张国荣一举摘得。

这一年的香港流行乐坛，名叫“张国荣”。

一个侧面，千种风情

在歌唱方面，亚洲市场所给予我的肯定及要求，是我不断求新的能量。你知道吗？我是那么地想去享受新的尝试。

——张国荣

1989年年初，张国荣发行专辑《Leslie》，因无论从封面、曲目安排抑或那首主打曲《侧面》来看，这张专辑都在传达“侧面”的精髓。事后，很多人称它为《侧面》。

这张专辑的封面，映入眼帘的便是一张弥散着浪漫唯美气息的侧面，张国荣只显露半张俊美的面容，背光的色彩又使这张封面看上去十分有格调。和《Hot Summer》一样，这张封面照片是他的“坚持选用”，也是在最终封面确定下来后，又再找到设计师陈幼坚一起努力的结果。除张国荣以外，更有音乐人梁荣峻加入专辑的监制——后来梁荣骏也成为了张国荣后期专辑的“固定班底”之一，为其整体质量把关。如大家所料，这张专辑依旧是在日本录制完成。

此张专辑与上面三张专辑相比，最大的区别是没有以快歌作为主打，第一首歌便是诉尽心头温柔心事的《由零开始》。这首是张国荣第三次亲自操刀作曲（前两首分别是《想你》和《沉默是金》），再次展现了他非凡的音乐才华。

填词人则是小美。经过前两首极具纪念意义、唱出张国荣心声的《有谁共鸣》和《想你》，小美作词的功力越发凸显。而这首歌无疑是本张唱片的重头戏，想必张国荣十分尊重和放心小美的作词能力，才会将这样一首类似诉说心声的歌曲，交由她填词——事实证明他的眼光独到而精准，在其引退歌坛后，小美与其他歌星合作，诸多作品助力如郭富城等成为天王，闪耀香江。

“回忆缠住了心事千遍由零开始偷偷想到落泪”——由零开始，这果真是初次踏入乐坛的最好形容，当年，他怀抱对音乐的一片赤诚，加入宝丽多连续发行《Day Dreamin'》、《情人箭》两张唱片，投入心血却遭市场冷落；复又在舞台演唱时学别人向下抛出帽子反被台下看客嬉笑着扔回；为了生计，他曾“卖猪仔”一样被人骗去参演三级片，中途发现真相，却因顾及对方是黑势力无法脱身……如今，他已经是璀璨耀眼的大明星，如此地位业已无需再看他人脸色苟活，也许，人们眼中的他，是舞台上那个姣、靓、型的国际天王，可怎知夜深人静，当他卸去舞台的光环，一个人默默回忆，心内浮现的却都是那些缠住了心绪的艰苦往事？而他为此偷偷伤怀和落泪，又有谁知晓呢？

也许正是因为对以往遭遇的难以忘怀，他在拥有了万千光华的之后，仍旧对歌迷真心以对，于是就有了这句“人海中，能共你相遇相对，人离不开，种种欢笑或顾虑，人离不开，只因真挚未变异坦率相对，全凭有你祝福千句万句”，有了“你”，他便像个满腔热血的战士一样出征奋斗了；有了“你”，他便悉心叫自己仍在这水深火热的娱乐圈，即便伤痕累累，也要继续摸爬滚打；有了“你”，他便珍惜这份茫茫人海中珍贵的相遇，誓要拿出精作酬知己——然而，姹紫嫣红的娱乐圈，除了他，其他哪个大明星没有“你”呢？然而，却唯有他，始终从心底将“你”一再好好珍惜，时常诉说真爱的心声。

主歌部分几乎全部采用纯钢琴编曲，只在句与句之间夹杂着若有若无似是笛声的配器，同歌词中娓娓道来的心路历程相契合。

而副歌部分突然笔锋一转，流露出淡淡的退意，“若我另有心志暂别远去远去找那自由再冲刺”，也向歌迷们交代了自己有意退出的缘由：在乐坛的发展已经达到自己的极限和顶峰状态，作为一个追求完美的音乐人，他一心只想交代一个最正的张国荣。所以对待事业一向精益求精的他，在无创作新意之下不愿以消耗现有的光环和名气为代价来继续赢得歌迷的青睐——他是有目标的，在这个混沌的娱乐圈，他始终睁开一双清醒的眼睛，认准心中的方向。

后来我们看到，他此刻所谓的“另有心志”，原来是电影。

而那两句“Will you remember me?”既是告别，又是期盼，也是对自己未来仍会归来的预告。“来日你我再度相见仍是旧日动人笑面给我熊热眼光一遍一千遍”此时的他便设定好了，倘若日后归来，他一定是旧日的动人笑面，依旧期待人们回应他，一千遍、一万遍的熊热眼光——后来的种种证明，他确实如此做了，“跨越97”演唱会他再次登上乐坛，以一个歌手的身份与人们再度相见，分明能看到那张笑若春风的动人面容，能听到台下久违的掌声、欢呼声。张国荣始终怀念歌坛，在他心里，音乐、歌迷亦从没有真的忘记。

《烈火灯蛾》是张国荣、许冠杰继《沉默是金》后再度携手共同打造的，且作词、作曲均由二人合作完成。相比上一首《沉默是金》，《烈火灯蛾》少了些刻意的“主旋律”，而加入许多随性、舒缓的民谣旋律。如果不是这首歌，竟让人想不到以港式小调著称的许冠杰，亦能够写出如此性感又带有淡淡伤感的歌。这首歌诉说的是一段旧日恋情，男主角不舍女主角，在与她缠绵后面临惨淡的分别，从此陷入对恋人的深情怀念中。虽此前已有太多描述动人爱情的歌曲，但这一曲听来别有意味，他怀念的女主角有棱有型：她那如跌进湖水的目光、仿若一朵烈焰的红唇甚至俩人甜蜜时诉说的种种心事，都构成一幅生动、美妙的画卷。原本以为这样的美好会如常持续，却在天色渐明时分来了一个惊天逆转：原本以为这女主也是一位有情人，却在天亮时分恢复了旧日的冷漠模样——想来令人倍觉伤感。

《侧面》堪称本张专辑的主打歌曲，是林夕继《无需要太多》坊间大热、斩获颇丰后，再次为张国荣献出的诚意之作。《侧面》有多火爆？人们在欣赏这首快意潇洒的歌曲之时，恐怕早已忘记这是一首翻唱作品，原唱是来自澳大利亚乐队Wa WaNee的作品《Sugar Free》。在这首歌曲中，林夕的作词能力再次得到释放和证明。原作比较俏皮，而林夕版的《侧面》既帅气、又暗含哲理乃至讽刺，听来别有一番人生况味，真可谓是妙笔生花。

“你清楚我吗？你懂得我吗？你有否窥看思想的背面。”表面看来，这句词似是对歌迷的挑逗，但细细想来却也全然如此——此时此刻站在舞台中央翻手云覆手雨的那个集万千宠爱于一身的天王巨星，台下真的有人知晓他的内心吗？在正面，他是一位风靡全球的国际明星，但又有几人能有幸读到甚至读懂他的侧面呢？试想一下，当年他站在舞台轻唱那首《由零开始》，将自己的心声展露于人前，又有几人能够猜到他心中已萌生了退意呢？

《需要你》同样是翻唱，是一首节奏如同流水般的慢歌，这首歌的演绎让人感觉，似乎是在一瞬之间，又找回了那种旧日深情款款的慢板情调。

而港产歌中，由郭小霖作曲、向雪怀作词的《偏心》是一首节奏鲜明的中板快歌，歌的主题虽是埋怨和控诉对方的偏心，却因张国荣的演唱方式变得分外有趣。《放荡》同样由菲律宾乐师卢东尼所作曲，由陈少琪填词，这首歌算是本张专辑中的一个异数。前面在街头做“暴风一族”的张国荣，化身于舞会中冷眼旁观他人的人，面对鱼龙混杂的舞厅，发出一声头脑清醒的质问，“为何在放荡沉迷陌生汉”、“为何在碰撞跳荡跟他抱着流汗”、“他深宵，正抱你细腰”，直白地讽刺那些都市男女们混乱的私生活。而整首歌的编曲劲爆感十足，于耳旁缭绕，催人随之舞动——于是在后来的各大演唱会上，我们都能看到在《侧面》或前或后，他对这首歌的热情演绎。

而我们熟悉的郑国江先生，在这张专辑中亦有贡献，那便是《大约在冬季》粤语版的《别话》。相比于齐秦国语版演绎的家喻户晓，张国荣的粤语版虽显得有些小众。但正是这份粤语别致的情境，使他从容、淡然地演绎出一份清爽的别离之情。

很难为这张专辑做出一个总结性的归类：从舞台上至真至诚

的心声告白到银幕外的率真模样，从街头怒吼的古惑仔到舞会上冷观旁人的“世俗对抗者”，从温柔、坚决的“飞蛾扑火”到与恋人深情告别、拥着回忆入眠的痴情男子，张国荣在这张专辑中凸显了太多种别样的侧面。也许，这些均是张国荣所具有的不同的真实侧面，这样多的侧面集合到一起，这才有了这次别具一格的《侧面》专辑，才能将丰富的主题演绎得如此完美。

前文已经提到，1988 年的香港乐坛，是张国荣的音乐世界。他的音乐专辑摆满了香港各个街道的音像厅，公司也越发看重和着力挖掘他的音乐创作才能，于当年发行了两张大碟。新碟、旧碟、精选碟、混音碟、演唱会碟，由此看来，张国荣的商业价值，着实被挖掘得淋漓尽致。

然而对于张国荣来说，这种商业化像是压榨一般，打榜、宣传的压力让他疲惫，双方歌迷的冲突让他不堪，一些迎合市场的歌曲更使他想要挣脱偶像的包袱，从而回归歌者的身份。

于是，1989 年 8 月，市面上有了这样一张名为《Salute》的专辑。

“Salute”，意为“致敬”，如张国荣所说，是为了向乐坛做出努力的歌手致敬，可见此张专辑并不过多考虑商业价值，但却是他精心制作。既然是致敬，他亦是采取了一种别样的形式——收录和翻唱十首其他优秀音乐人的作品。

也许是因没有打榜的压力，加上张国荣的倾心演绎，这张专辑融合了张国荣完美的声线和绝佳的音乐素养，质量反倒上乘。

在本张专辑开头的文案，便能看到张国荣所倾注的真诚心意：

他说自己为赶制这张唱片，曾经熬过几个不能安睡的夜晚！这张专辑之所以做得如此精心，除却他想要致敬歌者的本意，更是他一直以来想要完成的事业。作为歌手，他深谙这份职业的辛苦与光荣，由此更能理解其他歌手一路默默走来的艰难历程。

而在心底，他早就渴求这样一个能够演绎别人精彩作品的机会！他向来聪明，自然懂得“珠玉在前”的道理，懂得这份事业的辛苦和所需要付出的努力！但他向来不惧艰险，渴望突破，也正是这份坚毅，使这张专辑最终得以面世，从他的创作历程来看，我们知它的确得来不易。但也正因如此，这张专辑是张国荣向乐坛歌者最为诚意的致敬，是他又一次选择做了最真实的自己！

据新艺宝的老板陈少宝回忆，当初张国荣在公司录制唱片效率很高，他在正式录制之前早已掌握歌曲的氛围、情调以及其他，因此录制过程进行得十分顺利。张国荣本人也曾笑称这是为公司节省成本。但录制这张致敬的专辑时，他却连续几天待在录音棚不眠不休，一心想要做到最佳状态。

专辑封面仍就呈现张国荣的一张俊美脸庞，如同《Leslie》（侧面）一样，《Salute》从封面就能够看出这张专辑的风格所在——以张国荣的个人风格为主。值得一提的是，封套使用灰蓝色调似在向所有人表明，这是一张以“岁月”为主题的唱片。

专辑涵盖了《童年时》《但愿人长久》《纸船》《明星》《从不知》《滴汗》《漫天风雨》《这是爱》《雪中情’89》《似水流年》十首歌，经由张国荣的悉心演绎，浅唱低吟，歌曲听来平稳、多情，他那沉迷浓酽的嗓音轻轻启动岁月的尘埃，叫人再与旧日岁月相遇，不由得触动情怀，心生向往。

正如这些蒙上了岁月尘埃的旧曲，此时闭上眼睛，再次倾听，耳畔是《童年时》的神往，《但愿人长久》的深情，《纸船》

的期待，《明星》的迷惘，心内反复流转的是《雪中情’89》的纯情，《漫天风雨》的温柔以及《似水流年》的怀旧。

就所有的经典演绎中，又似有一种淡淡的忧郁包裹其中，听来让人忧思难忘。于是，《似水流年》平添一份怅然若失，《纸船》多了一份欲语还休，《明星》中夹带一股彷徨迷惑，《漫天风雨》诉说着满腔的深情款款。

当夜深人静，万物静默。这张《Salute》便唤醒沉睡的过往，让人在柔和、清淡的曲调中，回味逝去的年代，回味渐行渐远的自己。而随着曲目的变化，逐渐清晰的过往忽然化作一种迷幻的颜色，忽而化作一个透明稀薄的气味，又再化作一个单纯明净的笑容，而人便在这不经意的温柔触碰中，沉醉轮回。

不得不说，张国荣拥有一种将伤感蜕变为美的巨大魔力，也唯有他，在岁月这个有些“风尘”的命题前，能够将伤感蜕变为一种渐渐远去的凄美，从《漫天风雨》到《似水流年》，从《但愿人长久》到《纸船》，弥漫和散发出的无不是一种心醉神迷。笑亦流泪，哭亦沉醉，能够带来如此视听享受的，唯有张国荣，这份淡然的伤感与优雅，是旁人无论如何努力都不可超越的唯美特质，是张国荣独特的歌坛技艺。

在这张专辑中，张国荣本人最喜欢的当属这首《明星》，很多人将这首歌当成是他的原作，由此他的唱功可见一斑。

当你见到天上星星，可有想起我；

可有记得当年我的脸，曾为你更比星星笑得多？

当你记起当年往事，你又会如何，

可会轻声凄然唉谓，怀念我在你心中照耀过？

来自心头深切的发问，更是日后他站在舞台上，以一位故人的姿态，向台下的歌迷诉说自己那份真切与不舍，他曾说，“我希望人们不要太过善忘。”是的，《明星》无疑唱出了他的心声，而这背后却从另一侧面体现了他的初衷——正因为懂得珍惜“你”所带来的荣耀，“你”所带来的宠爱，才有这份惺惺相惜，于是，他毫不犹豫做了那颗天空最明亮璀璨的星星，希望爱他、宠他的人，能在抬头的一刹那，将他耀眼的光芒，永远珍藏于心底。

他并非要人记住他此时的荣耀，而是记住他曾来过和见证“你”的生命。

黄霑的词将明星们背后的那份无奈、酸楚和凄怆写得淋漓尽致，然而谁知，那一年，这首张国荣最钟意的《明星》，竟一语成谶，暗示了他未来的命运。

这张专辑发行不久，张国荣即举行告别演唱会，宣布退出歌坛。

那一刻，当他一袭白衣站在灯光璀璨的舞台，恋恋不舍地唱起这首《明星》，“当你记起当年往事，你又会如何，可会轻声凄然唉谓，怀念我在你心中照耀过?”一种直抒胸臆的发问令台下隐身侧坐的林夕见泪封喉。更将告别的氛围上升到极致，数万歌迷陪同他，告别乐坛、告别真心喜爱乐坛的自己，告别心事黯淡的1989年。

那一年后，《明星》在各种纪念他的活动上多次出现：2012年演唱会是人们的浮想联翩；同年的第31届香港电影金像奖颁奖礼是叶德娴的深情追忆。

当芳华逝去，红颜渐老，浮尘与世俗过往，皆随风飘散，落入天涯，再也不见。

而随着岁月沉淀下的，是凄美，是追忆，是这张《Salute》，是天上的一颗明星：张国荣。

风会再起，莫失莫忘

> 你们会不会很快忘记我？我只是希望，以后如果有人问起你们，80 年代有哪些歌手，你们愿意提下我的名字已足够。
>
> ——张国荣

那一年，谭咏麟公然宣布不再参加领奖，“伦迷”将矛头直接对准张国荣。

回想在 1988 年劲歌金曲颁奖典礼现场的一句“都是张国荣逼走阿伦”，岂止代表一个伦迷的想法？

就在谭咏麟宣布不再接受领奖时，张国荣神情黯淡，径自悄然离开了现场。中间有记者拦路采访，故意制造难题，张国荣努力掩饰内心的挣扎，委婉地撒了一个无伤大雅的小谎：“我当时正好肚子不是很舒服，所以需要休息一下。”

但他尚未走到门外，便远远地看到成群结队的人群一齐冲他叫嚷，言语污秽，他当即明白，这是“伦迷”气势汹汹地找自己报仇来了。此时此刻，他心里极度委屈，多年来致力于音乐事业，不过想要凭本事站稳脚跟，他热爱唱歌，从第一次参赛、发行唱片至今，十几年投身音乐制作，无非是想好好做自己喜欢的事。香港乐坛，从来不是专属某一人，他也许想过辉煌，但从来没有萌生欲与前辈为敌的意愿。曾经，他在1985年的自传中坦言十分欣赏和推崇谭咏麟，无比肯定他在乐坛的重要地位。

却无论如何都想象不到，终有一天，他会被迫站在与自己所欣赏的歌手面前，在媒体的炒作、歌迷的口水交战中，沦为好朋友退出颁奖典礼的终极原因。

眼见“伦迷”气焰嚣张，张国荣孤身作战，甚是辛苦，无奈只好返回现场，等候工作人员安排和善后。其实，他在此次颁奖典礼中，只有一曲《无心睡眠》获得奖项，此前虽取得突出成绩，却并不威胁谭咏麟乐坛第一把交椅的辉煌地位。

时间一分一秒地过去。张国荣无奈地呆坐在现场，心也随之一点点下沉。“谭咏麟已经宣布今后不再出席领奖，那么他呢？今后，两派歌迷之间的争斗会因此减少吗？”他努力让自己的心情平静下来，却发现丝毫无用。

六个小时后，在场内警务人员的妥善安排下，张国荣终于获得人身自由。

然而，走出会场，却有更加残酷的现实等待着他。

远远的，他就发现自己的车被砸坏——这是成龙为表兄弟情谊，特意赠予他的。此时，这辆车车身皆布满了长短、深浅不一的划痕，一刀一刀，张国荣看在眼里，却像划割在他的心里，使他心痛不已。他是一个极其懂得珍惜的人，尤其是朋友相赠的对象，皆是悉心收藏，当年家中六姐借他上学费用，成名后为回馈她，他特意买了一幢豪华别墅相赠。如今，象征着长青友谊的礼物被人无端损毁，他心里该是怎样难过？

况且，这么多年，他辛勤付出默默争上游，竟还是未能获得别人认同，这使他又想起当初登台曾仿效当下流行，将帽子抛至台下又被抛回的尴尬情景——自尊心又在那刻被践踏无遗，他想奋起反抗，最后却只能默默忍受，他知道，这场没有硝烟的战争还将持续。因此，再苦再难，他也要抖起精神面对。

回到家中，他的精神彻底被摧毁——“伦迷”手段高明，为了示威，差快递员到家中送了一份大礼——香冥，一个个纸扎的小人，散乱地摆放于盒内，看的他心惊肉跳。

事已至此，荣迷忍无可忍，“伦迷”对偶像忠心可以理解，却想象不到竟是这样的欺人太甚。很快，有人带头与对方打成一片，香港的娱乐新闻媒体紧抓两派歌迷打口水战，纷纷别出心裁，制造负面新闻，以期制造更大的娱乐漩涡。

舆论纷杂，气势逼人。谭张争霸上升至“白热化”阶段，整个香港街头巷尾都在热议谭咏麟和张国荣。

然而张国荣为人低调，一向不爱参与娱乐中事，谭咏麟本人亦不同意“争霸”的说法。他们都是聪明人，无比清楚明白自已努力打拼的事业，不过就是娱乐圈一票人的炒作素材。

谭咏麟不想事态扩大，同时也首肯此次两派歌迷大打口水战，实属“伦迷”举动过分，于是在报纸上公开致歉张国荣，更是表明自己的立场，希望俩人私下仍是好朋友。

其实，张国荣和谭咏麟私交一直甚好。任凭香港媒体和娱乐圈记者多次拿二人进行无端炒作，却也丝毫不影响他们私下里互相钦佩，互相尊重。

张国荣了解谭咏麟为人胸怀大度，自然不会再追究“伦迷”之前对他造成的一系列精神上的伤害。但经过两派歌迷一系列间的争斗，张国荣心内确实萌生了一些想法。

也许正是从这场愈演愈烈的所谓的“谭张争霸”中，张国荣深刻地体尝到人情冷暖，才有了这张意寓告别的专辑《Final Encounter》的发行，有了这样一次在世的告别。

1989年9月18日，张国荣（33岁生日之后）在记者发布会上公开宣布将退出乐坛的决定，他说："一个歌手及时告别，他和他的歌迷都会感到难过，如果有朝一日他走下坡路，就只得他一个人难过，所以我是个聪明人，一定会早点走。"

他好"狠心"呐！明明知道大家会因为他的离开而难过，却仍是要坚守这份清醒。"及时"就是这一年，就是1989年张国荣告别演唱会。

娱乐圈是一个异常残酷的地方：当初青春正少，他拼尽全力，历经八年磨难终于走到上游，却发现这个圈子并没有想象中那样光辉璀璨。他讨厌的比赛和竞争无处不在，而每次比赛，不得奖，他苛责自己；领奖，他惋惜又失去一位好朋友；而此次越演越烈的谭张争霸，更是将他与这个私下十分要好的朋友一再推上风口浪尖。

他不是不知道，谭咏麟于那一年宣布不再领奖是因为什么。

这些年，从籍籍无名一路默默向上游走到天王地位，总算无愧于自己的全情付出。但娱乐圈里尔虞我诈、勾心斗角，却也使他身心疲惫，他亦苛求能够寻求另外一种人生。

于是，痛定思痛，他终于做出了告别的决定。

《Final Encounter》就是这一次告别的见证。

《Miss You Much》改编自Janet Jackson（詹妮特·杰克逊）的同名畅销单曲，张国荣赋予这首歌一种与众不同的颓废感，如果说詹妮特演绎的是一种男人婆似的热辣与狂放，那么张国荣则演绎出了一种类似女性的娇媚和魅惑。

开篇便以男女发声切入，表示一个女人沉闷的告别与一个男人有力的反抗——在她离开之后，他不单是想念她的，更是出奇的、发狂地想念着她。这也许就是歌名《Miss You Much》的真正来由吧。

《我眼中的她》原曲为潘越云的《眼眶之中》，由林夕重新写词。

我眼中的她
拥抱于
终老于
缥缈的将来
总有天她真正存在

张国荣以低沉、温厚的嗓音演绎出来，使这首歌涂上一层无关痛痒的伤感。“总有天她真正存在”又仿佛心内生出一份自信和希望，表示虽然现在她还没有来到，但他仍有希望等到那个“总有一天”。

而“无论当你哪一个我只不过不过，仍留恋当天那个”似乎又在向人表决心。放到这次告别的大环境下来看，竟有些留恋告别当天的深沉意味——也许，在张国荣的心里，他口口声声说告别，盘亘在内心深处的，始终是千般、万般的舍不得。

张国荣在《绝不可以》的表现里同样出众，再次彰显了他那种将魅惑运用到极致的无敌功力，但他恰到好处的发挥，总会使你清醒地知道，他并没有在玩什么情色游戏——换成是其他人，真不知道能造出怎样的低俗气味。

《禁片》的原曲为 Paula Abdul 的《Cold Hearted Snake》，是林振强在作词方面的又一次大胆创作，尤其他将汉语的重音，以节奏编排的形式重新加入音乐中，营造出这一节火焰禁片表明女孩在恋爱中的热度更是功力非凡。

《Why?!》原作取自 Baby Face 的《It's No Crime》，加入了很多合成器和节奏音效，正好可以送给那些频频出现的快餐爱情。

《未来之歌》应是一首写给未来的歌，但这首由林夕作词的歌曲，和《风再起时》一般，展现更多的则是事者对当下的无限留恋——毕竟是告别，在那样一个郑重其事的场合和大环境下，与过去的辉煌、与相伴多年的好友、歌迷，甚至是自己最钟爱的音乐事业告别，如何能够不留恋，如何能够不伤感？然而所有的依依不舍，也最终只化作一句“今天彼此各有各因果，你抱怨怎么不可似我”，却也从另一方面展现了张国荣最自信的一面。而歌声的尾段，似有一种欲断难休的感觉，也再一次点出此次告别的离愁别绪。

而此张专辑中的一首《风再起时》，则堪称此次告别歌坛的“绝唱”。

风再起时

默默地这心不再计较与奔驰

我纵要依依带泪归去也愿意

珍贵岁月里

寻觅我心中的诗

风再起时

寂静夜深中想到你对我支持

再听见欢呼里在泣诉我谢意

虽已告别了

仍是有一丝暖意

两次风起，两次告别，一次想要在珍贵的岁月里一心寻找藏于心内的诗；一次似告诉安慰关心他的人，即便是告别，拥有这么多年的分享和相聚，亦是心里无憾的了。

这首歌绝大部分是以合成器钩划出的“假弦乐”，而张国荣那醇厚中暗含一丝疲惫的绝望感甚至盖过了整个旋律，每当听到这首歌，都似想起一场马不停蹄的告别，都似灌输着一种马不停蹄的忧伤。

在1989年这一年，张国荣连续推出三张唱片，数量之多，水准之高，直至今日亦当算是异数。也许是因为告别，他才有了这样的厚积薄发，但既然去意已决，纵然有再多的留恋不舍，也要潇洒挥手痛快前行——而那句发自内心的“我最爱的歌最后总算唱过”，对他的这段时期淹没在音乐事业中的年少岁月来讲，亦应当无所遗憾了吧。

反正，风会再起。

反正，风有再起之时。

眉目如画，一笑便是万古春

一月完成了演唱会后我大约休息了半年，去旅行，回来间中与朋友打打牌，很自在，直至为了《阿飞正传》要开工而游泳减肥，我从来未试过为一套戏下这么多功夫，一来因为我喜欢王家卫，二来拍完他和邓光荣的戏我就会离开香港，所以一定要做得好！

——张国荣

“封咪”之后，张国荣想到的第一件事就是进入大学修读电影课程，退去了歌手身份，他已然感觉自身轻盈许多，不再是任何人的眼中的“卖歌仔”。其实，早在多年以前，他作为一个大红大紫的歌手时，就曾仰慕导演王家卫。

有时候，真诚的人能获得命运更多的青睐，你不得不服。

如今，我们业已皆知，那个被称为无脚鸟的男人名叫“旭仔”。

王家卫是一个对电影有着苛求品质的人，这在娱乐圈早已不算什么秘密。张国荣在筹备告别演唱会期间接到拍摄通知，但电影的剧本却因王家卫的高标准、严要求一改再改，直接导致电影迟迟未能开拍。

于是，在电影剧本尚未完善的情况下，张国荣先乘坐飞机去了加拿大。

云烟，豪宅，西式花园，24 小时不间断流淌的温泉，这一切，听起来就像是人间的仙境——不错，这里就是张国荣在加拿大温哥华的别墅住宅区。

白色的房屋掩映在大片郁郁葱葱的苍天大树之间，这是一个时光静好的下午，此时此刻，退出乐坛乐得一身清闲的张国荣正俯身蹲在他房前的一处空地上，温柔地注视着地面。

眼光所及之处，有一只名叫斑比的小鹿正在明目张胆地啃着这院子里的花朵！

你一定觉得这样的生活美极了！远离了香港乐坛的是是非非，置身在这样一片清丽的环境，不用与人勾心斗角，也无须理会别人炮制的“莫须有”要闻，可以完完全全享受自在、放松的生活！

起初，张国荣也十分中意这里的一切。虽没有音乐制作任务在身了，但他的生活习惯却依然照旧，衣食住行等时间安排犹如在香港一般。不过，仅仅过了三个星期，他就不再觉得温哥华住宅区有多别致美丽了。

几年后乐坛复出，他在接受一档节目采访时曾说：“那时候隐退，以为加拿大就是天堂来的，但回到香港才知道，这里才是真正的天堂”。

诚然，早已在身体内培植下“奋斗”、“勤奋”的因子，无所事事、纯粹享受的生活怎能属于他张国荣？人生难得，他懂得三十几岁的男人应该去拼搏，去闯荡，去流血，去牺牲。

终于，《阿飞正传》的剧本敲定了，导演王家卫连忙召唤张国荣返回香港。

“哪有这么胖的阿飞？”王家卫一见到阔别多日的张国荣，不无担忧地对他说。

“我想拍王家卫的戏，多辛苦都肯拍。”为了曾经的这句承诺，张国荣回到香港之后立即为自己量身制定了瘦身计划：游泳、做运动，他将这些视为每日的重中之重——要知道当时这部电影的主演只是刘德华、梁朝伟和张曼玉，他在里面仅是一个配角！但他依旧丝毫不敢懈怠，只求以最佳的状态投入，为观众呈现出最完美的自己。

随着他越发努力，越发重视，随着他的身材越来越标准，越来越接近剧本中的“阿飞”到最后俨然王家卫眼中的正牌“阿飞”，他的剧本也随之删删改改，最终，张国荣的戏份越来越多。

后来，电影上映之时，面向观众的，是一部由张国荣为主演的电影，他在影片中的人物旭仔，也一度成为人们热议和关注的焦点。

“1960 年 4 月 16 日下午 3 点之前的一分钟你和我在一起，因为你我会记住这一分钟。从现在开始我们就是一分钟的朋友，这是事实，你改变不了，因为已经过去了。”旭仔对苏丽珍说——很多人，我想我们之中的很多荣迷、后荣迷，也许就是从那一分钟开始，从心里认定自己已将张国荣牢牢记在心底。

荣迷们会永远记得，一个表面狂妄、叛逆，内心充满了疑惑、孤寂的旭仔，如何巧妙地扭动着身躯对着镜子跳恰恰，他那飞扬的神情彷佛将整个世界都掌控手中；荣迷们会永远记得，旭仔在见到亲生母亲之后，怀揣着破灭的梦想、决绝孤傲离开的背影，他说“既然她不肯认我，那我一定不能认她，所以我不会回头，永远都不”；荣迷们也一定会记得，当他最后孤独地死在开往异乡的绿皮火车车厢里，窗外是滚滚而来的美好风景，但属于他的，却注定是孤寂，是荒芜，是离别，是死亡。

他一定没能想到会是这样的结局，他倾注一生都为寻找亲生母亲，却还未曾得到就已失去。也许，死在去往异乡的旅途中，是最适合旭仔的结局。

影片中的旭仔，百分之百的认定自己有一场宿命的流浪，而现实中的张国荣，同样百分百地认定和信任王家卫。他曾说：“我是一个自傲的人，不是我的‘级数’，我不会理睬你；但在跟王家卫的谈话中，我觉得他十分有理想，我认为他是现今最有前途的导演。”

正是这种将自己完全托付于导演的巨大信任，张国荣在《阿飞正传》的拍摄过程中，曾拍摄了许多他本人感觉有些莫名其妙的镜头——其中一场与张曼玉的缠绵戏份，一个很简单的镜头，王家卫竟毫不客气地NG了四十六次之多，一举缔造了张国荣拍摄史上NG次数最多的纪录。

“Good take，可以了。”同样的动作到达第四十七次，王家卫终于摆手势示意OK了。

“可以了？”“画面”中的两个人张国荣和张曼玉却只感到一头雾水，直到导演说通过的那一刻，他们仍不知道前面多次为何没能让他满意。

为最大力度配合王家卫实现他头脑中的电影情节构想，张国荣曾一度主动提议代付直升机的高昂费用（最初，王家卫打算租用直升机拍摄旭仔自杀的桥段，当时正因预算不足倍感煎熬）。在张国荣心中，做电影是一门急需用心的伟大事业，不是商业，是他能尽力做到的，一定会做到完美。

1990年12月15日，这个日子对张国荣来说，意义重大——《阿飞正传》于香港正式上映。能够选在圣诞档期上映，可见公司对这部电影信心十足。

戏剧化的转变由此开始——最初，人们不太能够接受王家卫在这部电影中所运用的倒叙事及拍摄手法，也许观众的视角尚且还停留在那部著名的《旺角黑夜》。受众的不适应最终导致票房惨淡，投资近四千万元的电影上映十二天，仅收获票房九百多万。

“外行看热闹，内行看门道。”对电影有所研究与了解的舆论界、影评界却对这部电影大加赞赏。从一个个著名影评人说出的话语中判断，这部电影的卓越实乃有目共睹。对于张国荣第一次出演主要角色，圈内人也是好评如潮，“Leslie，你的阿飞演得很好嘛!”

对此，张国荣听在心里，倍感欣喜，但在拍摄完成电影《纵横四海》后，他便很快返回加拿大了。

“既然香港是天堂一般的存在，为何他还要再次离开?”

也许，香港是天堂，却也犹如炼狱。他从这里出发，摸爬滚打，创造出乐坛辉煌业绩；更是在这里，遭人污垢，被迫宣布放弃心爱的音乐事业。这里有鲜花掌声，亦有痛彻回忆。他哪怕爬得再高，本质上也不过一介凡夫俗子，懂得人情冷暖，需要人来关怀。

“为何他的天下不能够始终温暖如春，阳光明媚?”

活在茫茫人海，悠悠人间，我们很难让所有人都满意。即便执意追求内心深处的完美，然而肉体凡胎，总有疏疑。

在加拿大等待他的，是好山好水清闲时光，是滋润生活，以及，无聊岁月。

也许，他注定属于香港。

第十届香港电影金像奖颁奖典礼举行前，大会主办方积极邀请他返港出席，遗憾的是他以学业繁忙为由最终婉言谢绝——这一拒绝，此后十多年，他虽出演了多部优质电影，为观众留下了多个角色不一的人物形象，却再也没能获得“金像奖最佳男主角”的光荣奖项。

几天后，电影的投资人邓光荣为弥补张国荣未能亲自现身金像奖颁奖典礼的遗憾，精心为他准备了一场记者见面会。

盘踞加拿大已达三月之久的张国荣，回来了。

也是从这部电影开始，张国荣的演技备受业内肯定，之后又与王家卫先后合作了《东邪西毒》和《春光乍泄》。直至后来令"人神共愤"的《霸王别姬》之程蝶衣，张国荣的演技已然出神入化、炉火纯青。

得到这一角色，可谓历经千难万险。

1991年，内地导演陈凯歌资质出众，备受电影公司关注，为此，公司特意请他前来执导筹拍电影《霸王别姬》。

剧中主要男角程蝶衣是戏痴，他一生爱戏、恋戏，只愿沉醉其中不愿醒。对师兄小石头的感情亦是从一而终，多年唱"虞姬"的人生经验使他错误地认为和师兄老老实实唱戏、相守一生早已是前世命定的承诺，然而最终"疯魔"的个性却令其以自杀悲剧收场。这样一个貌美似花却又感情脆弱、偏执的人物应当有谁来演绎才合适呢？

其实，早在1985年，香港电台就曾大力邀请张国荣出演由《霸王别姬》改编的电视剧，考虑到男生女相以及稍带男同性质，张国荣当时婉言拒绝了。

这一年，陈凯歌在演员之间斟酌几次，遇到一位名叫尊龙的男演员毛遂自荐，此人曾与陈凯歌合作《末代皇帝》，又有些京剧根底。公司很快同意与其合作。但后因待遇问题，尊龙与公司发生纠纷，干脆辞演《霸王别姬》。

程蝶衣一角又变空缺，陈凯歌十分懊恼。此时，恰有人从香港寄来一本《号外》的杂志。他原本是随手翻翻，却发现其上刊登了几张张国荣身着青衣的造型照——那哀怨的眼神、娇柔的美态，婀娜的身段，陈凯歌顿时眼前一亮，"那不正是他遍寻各处的程蝶衣"？

这真是天命不可违，要知道李碧华的原著小说，程蝶衣一角原本就是为张国荣量身定造。

于是，就有了陈凯歌在1991年与张国荣在香港的初次会面。他知道此前张国荣曾拒演程蝶衣一角，于是谈话时有些忐忑不安地询问对方，如果再拍《霸王别姬》有什么要求，张国荣当即说：“我什么要求也不要，我只是一心想大家拍一部好戏。”

于是，就有了我们现在所能看到的这部经典。有了张国荣式惟妙惟肖的程蝶衣。

1992年3月，张国荣孤身一人携带行李来到北京，第二天即开始了长达半年时间的“非人生活”——他没有任何的京剧根底，陈凯歌拍戏力求真实，希望演员尽量本色出演，因此张国荣在电影正式开拍之前，需有一段时间专门练习舞台身段、花旦手势等。

到北京以后，张国荣出现了严重的水土不服，发高烧、坏肚子，体重骤减，导演和剧组的演员都很担心他，他却不愿大家费心，一直笑着说这样很好，程蝶衣不胖，他这样正适合。

那段日子，他即便走在去饭堂的路上，都是打着花旦的手势跑着京步子去的。

多年以后，他当时的京剧体形老师张曼玲说，“我不相信，我不相信，你们是不是搞错了？直到宋小川（一个京剧演员）打电话来，我才信。晴天霹雳啊，国荣那么好的人怎么就没有了？我心疼他，我真的很心疼他。1993年《霸王别姬》拍摄时我和先生认识了他，第一天我们到片场的时候，远远看到国荣站在那里压腿”。

也是后来，她才知道，当时他满脸通红，是因为当时发烧，却还硬坚持苦练造成的。在张曼玲老师的印象里，张国荣是一位勤奋好学的后生，相处的那段时光，他只要碰到她，就会像模像样地做几个刚学来的京戏动作，并且带着认真地表情问：“张老师，你看我的动作，是不是应该这样?”如果她点头，他就会像一个孩子吃到了糖果一样笑出来；如果她表情是严肃的，他就像是犯了错的孩子一样低着头，“张老师，我今天做不好，您明天看，我一定能做好”。

第二天，老师再检查，张国荣果然做得都很到位了。

电影中有太多令人难忘的镜头，而那个身穿戏装，跪在街头就着炭火盆接受政治批斗的画面，你一定印象深刻。

当时，正值北京炎夏，张国荣是顶着三十三度的高温烈日进行取景拍摄的。但即便当时头顶烈日、浑身冒汗，张国荣也没有抱怨一句，而是认真地把每个动作做到位。

戏里，张国荣是认真的拼命三郎；戏外，他亦是热情大方的好客之人，北京明明是异乡，但他在歇息时却拼命请客，在炎热的片场经常有冰棍、瓜子和冰镇西瓜供应，你也总能听到他用热情饱满的声音招呼大家来吃、来喝，号称“七月流火”的北京之夏，因有他的热情，似乎都要凉爽许多。

张国荣似乎特别喜欢《霸王别姬》这个剧组，八月，电影杀青，他再次做东请全剧组吃饭，席间推杯换盏，想到即将分别，竟难过得落下眼泪。

旁边有人看到，连忙安慰，“国荣，你不要伤心难过，来日方长，我们大伙还是可以再聚的”。

次年元旦是个特别吉祥的日子，这天《霸王别姬》于香港公映，票房一路飙升，很快便过千万，一举夺得当年康城影展的金棕榈大奖。

程蝶衣，从此不再只是单薄的一个书面形象，因有张国荣出色的演绎，他变成了活生生的一代名伶。人们感叹着世上诚如程蝶衣对艺术不惜奉献一生、执著一生的那份痴心，更对张国荣产生了诸多好奇，“他能将此人物演绎得如此出神入化，是不是本人多少也有一些程蝶衣的影子”？

也许，他日后与唐鹤德先生长达十八年的痴爱，使你觉得他身上有程蝶衣恋上师兄的影子；也许，他天生的眉目如画，使你觉得他属于“男生女相”；也许，他赋予程蝶衣娇柔的身姿，使你觉得他雌雄同体，自有一股女儿气质；但这些都不重要。

我们只需记得，在这些浮躁的表象之后，值得备受世人关注的永远是他那份对艺术无限热爱的奉献精神。“不疯魔，不成活。”——这句于程蝶衣毫无偏差的注脚，又何尝不是对张国荣一生追求艺术所做下的最精准的判断。

燃烧，用一抹难得的颜色

> 随着岁月的流逝、年纪的成熟，我的心路历程已改变了，想法与当年不同。最重要是我自己想唱了，而且滚石给我的条件很好，我觉得自己的形象和滚石的很接近。复出后，我不要靠一张脸卖歌，我希望别人可以把我当音乐人看待，这是最主要的原因。
>
> ——张国荣

张国荣说了，“加拿大不是天堂”。

因此，他是注定属于香港的。

那么离开的这段时间，告别了歌坛的张国荣，生活里究竟是怎样的一个人呢？

在他离去以后，电视台、收音机、网络上，有关他生前的事迹和故事也被一一报道出来。于是人们知道，他很宅，喜欢躲在家里听音乐、看书、看影碟，他爱打麻将，圈里有他一票的麻将好友；他喜欢住装潢、设计讲究的房子，从家具到墙壁，从厨房到厕所，皆要求十分严格，力求做到一丝不苟。

他爱大笑，也乐意逗笑别人，有时候他是很热闹的他；

他爱安静，喜欢独立思考，不喜欢莫名被打扰，有时候他是很小心翼翼的他。

他热爱生活。品红酒，爱摄影，见不见人，有没有应酬，都习惯穿一身干净整洁的衣服。

他有点迷信。买房之前，都会请风水先生一一到现场勘察。

他纯粹、简单的，是成人世界里一抹难得的颜色。

他永是赤子之心，别人眼中你见不到如此清澈的神采。

他抽烟。你能见到很多他抽烟的照片。他抽烟的时候特别帅。手的中指和食指夹着烟，透露着一份雍容华贵。最著名的是那幅为电影《金枝玉叶》拍摄的剧照。到后来，他拍摄了《烟飞烟灭》，公益宣传倡导更多人加入戒烟行列，关注健康。为此，他率先戒烟。

在他告别乐坛的最初一段时间，娱乐圈虽仍不断有关于他的消息传出，人们从电影、报章、杂志上也都能捕捉到他的影子，可是，想要听这位昔日的乐坛天王再开口高歌一曲，却是难全之事。

1992年，在录制《许冠杰光荣引退汇群星》节目时，为节目播出效果考虑，张国荣这才勉强开口与许冠杰合唱《沉默是金》。

其实，在他内心深处，从来都未曾放下所钟爱的音乐。也是在这一年，他为《蓝江传之反飞组风云》创作了一首歌给周慧敏，名字叫做《如果你知我苦衷》。

如果你知我苦衷，何以没一点感动
谁想到这样凝望，你竟看不到认同
明知我心里苦衷，仍放任我造好梦
难得你这个朋友极陶醉但痛

“如果你知我苦衷，仍放任我造好梦”是否就是希望广大的歌迷体恤自己的苦衷，早日使他重回歌坛，重拾自己最爱的音乐呢？

第二年，哥哥为《白发魔女传》创作并主唱的一曲《红颜白发》又获得了“第30届金马奖”的最佳电影歌曲奖，事实再次证明他在音乐方面的非凡才华。后来，他又提笔为王菲一手创作了《忘掉你像忘掉我》。

随后，他在电影中又开始频频开嗓——1994年的《花田喜事》；《金枝玉叶》里因剧情需要演绎的三首歌曲以及重量级的《夜半歌声》，其中主题曲、插曲、电影配乐，他都全权参与制作。

在乐坛上频频展现的音乐才华以及取得的无数傲人的成绩，使张国荣的身上始终笼罩着光芒万丈的音乐天王光环。那时，他仍长期居住加拿大，只偶然回香港参与电影演出。偶尔回来，很多唱片公司都欲花重金聘他“重出江湖”，但却被他一一拒绝。

除了对1989年所发生的一切仍心存芥蒂，更重要的是，在音乐品质上他对自己和唱片公司有着更高的追求。

终于，滚石唱片公司无条件应允他的要求，“推出新唱片不打歌，不做任何宣传”，他才重又回归乐坛。

1995 年 6 月，在台北举行的记者招待会上，张国荣面对媒体的种种非议如此坦诚：他只想做自己真心喜欢的事。

阔别乐坛五年，张国荣还是那个一心热爱音乐的人。然而，娱乐圈早已不是他五年前挥手告别的样子。

在他告别乐坛的这些年，香港的歌坛可谓发生了翻天覆地的变化：老一辈的许冠杰、罗文已处于半退休状态；谭咏麟、梅艳芳相继宣布不再领奖。不同于老一辈人的发展变化，乐坛新势力却是来势汹汹，成绩傲人。张学友、李克勤、刘德华、黎明以及 1992 年就发展不错的郭富城都是榜上有名，“四大天王”和“少壮派”中生代已经像谭张梅当年那样，完成了对香港乐坛的绝对统治。新人王靖雯（王菲）也拥有相当不错的歌坛打榜成绩，一路朝着天后的路子发展去。台湾的王杰、庾澄庆也获得了较多人气，直逼香港本地歌手。乐队方面也有闪光之处，Beyond、达明一派势头正劲。

签约之后，张国荣与滚石合作所发行的第一张唱片大碟，名字叫做《宠爱》。

此碟中几乎没有新歌创作，收录的是哥哥几年来在电影里的歌曲，比如《追》、《夜半歌声》等。按照合约，这张唱片公司没做任何宣传，但一经上市，却被歌迷疯狂抢购，几日之内便销掉近八十万张，被人称为“唱片业惨淡时期的救市之作”。

原因一定是这样，歌迷等待他回归的这一天，等待了太久。

如果你很早以前就已经爱他，那么时光的指针指向 1995 年，当你再一次走进任何一家音像店，又再看到那张熟悉的脸庞出现，那么，这张唱片对你有着怎样深刻的意义，也就无需多言。大字号的标题，指明他现在的东家——不管他去了哪里，跟哪家唱片公司合作，你会发自内心的感慨，没人能代替“你”地位的人，总算回来了。

这张唱片，对他的意义，可谓非凡。以前，我们只知道一个爱唱歌、会唱歌的张国荣，而这张《宠爱》则使我们认识和了解了一个光影声色的张国荣。他是带着那些美好的形象与光辉的影像，重新站在人们的视线里。

专辑的第一首歌曲便是《A Thousand Dreams of You》。在陈凯歌的电影中，这首歌出现在二三十年代的旧上海，缓缓的音律，悠然地道出一个年代尘封的故事。是的，张国荣那如梦似幻的温柔声线再次回来了，真真切切的回来了，像是为你缔造一个梦，平地而起，既梦幻又真实，不忍拒绝，只想纵身踏入。他这样唱道，“Oh，it's time to dream，a thousand dreams of you！…… A thousand，a million，a zillion dreams of you。”

够了，有这样的欢喜就够了，纵然只能梦中拥有，又当如何？

紧接着是三首电影《夜半歌声》里的插曲，《深情相拥》《一辈子失去了你》以及《夜半歌声》。

因有了影像的作用，他所饰演的宋丹萍与在剧场里扮演的罗密欧，浑然一体，他的朱丽叶坐在台下，目光同样深情，于是将这首《深情相拥》演绎得格外动人。三首歌的曲子皆由他一人独自完成，为了使歌曲产生一些“洋气”的感觉，他甚至加入了西洋戏剧的因素。听一下这首歌吧，他的努力，你完全应该可以感受得到。

在《夜半歌声》里一句“只有在夜深，我和你才能，敞开灵魂，去释放天真。”似唱尽了宋丹萍毁容后的绝望心境，如果这歌放在夜深人静时分去听，一定能感受那份直抵人心的凄清苦楚。他已经没有了往日清秀的面容，却还能痴心地用纯净的声线，演绎出深埋在心底那份最纯真的爱情——如果他本人不曾是这样的人，又如何将这份奇妙的听觉盛宴有效传达呈现？也是从这里，我开始认定，他就是那个一心一意、想要飞奔寻找永恒的人。

接下来三首同样是电影的插曲，即《金枝玉叶》里的《今生今世》《眉来眼去》以及《追》。

《今生今世》是爱的誓言。当他表情认真地唱着那一句“风里笑着风里唱，感激天意碰着你”，相信歌迷的心就瞬间坠入了湖底，陷入深深地感动里。他用一种坚定的眼神和真诚的声线，向我们诠释了什么叫做约定，一生的约定。是从这里，我开始相信，人世间是有这样美好、纯净的感情存在，这首歌属于心底最柔软的那个部分，值得一生信赖和珍藏。

《眉来眼去》带着恋人之间的缠绵，听得人心发痒，妄想和歌中人一般拥有一个亲密无间的爱人。

《追》，百听不厌。我愿意相信，美好的人生都是大彻大悟的。我们都有懵懂的时候，不明白复杂世间的种种，可是当听到顾家明坐在钢琴前轻声地唱着“有了你即使沉睡了也在笑”，一刹那有所顿悟：爱情在经历了一番轰轰烈烈后，始终是要回归于平淡，也唯有平淡，才可细水长流，滋润入心。也是从这首歌开始，林夕给张国荣的歌词开始表达填词人本身的心声。张国荣、林夕的心声，以及《金枝玉叶》这部电影的主题，竟然能通过一首歌那么完美地表达出来。

而《追》对于哥哥、对于荣迷的意义，自然不言而喻。在复出歌坛后的第一场演唱会“跨越 97”上，当张国荣用《追》作为演唱会的结束曲目时，我们都明白，他“一追再追”的，绝非虚无的名利。因此，哥哥过世之后，也有太多人通过这首《追》来怀念他。

这张专辑真的每首歌都好，在大陆尤具知名度、乃至后来成为各大音乐网站张国荣的歌里收听率最高的，还是要数《霸王别姬》中的这一首《当爱已成往事》。

原本是李宗盛写给林忆莲的歌，却被他唱成了经典之作，唱出了一种原唱的味道。

看过电影之后，我们才会更加懂得，为何这首歌叫做“当爱已成往事”。

“也许有天，你会知道，人生没有我并不会不同。”

这像是宿命般一样让人沉痛的句子，他用无比沉静的语调来演绎，听的过程中，我像是被上帝之手扼住了咽喉，痛苦地失去呼吸的能力，这种痛，不是特别地剧烈，却像一阵阵的浪花，排山倒海，一层层、一点点到达内心，让人不经意间就落泪、哽咽。

爱他这么久，一直都未曾想过有一天这个句子也会被用在他和我们的关系上。你，是不是也这样。

“有一天，你会知道，人生没有我并不会不同。”

那年的 4 月 1 日之后，我们的人生究竟发生了多大、多少的不同？恐怕只有我们自己的内心才能懂。至少，从那一刻开始，很多人不再过所谓的愚人节；很多人开始整理曾听过的他的演唱会门票；很多人开始为他写纪念日志；很多人开始反复观看他的电影、演唱会视频。

直到那一刻，我们才突然醒悟：用这首歌做《霸王别姬》的主题曲竟是十分贴切，电影里，他扮演的程蝶衣最终失去了师兄的爱；电影外，我们也最终失去了作为我们大家的哥哥。

一失去，就是一辈子。

或许，他从未与我们中的任何一人有过一生的约定，所以大可不必履行。也罢，我们爱他，所以不愿让他走得如此沉重，就当他是个顽皮的孩子吧，有一天想去真正的天堂看一看，所以就没一点商量独自离开了人群。

可是，他却忘记了，“只要有爱就有痛”。

可是，他还忘记了，“忘了我就没有痛”，到头来只是他一厢情愿的事情！我们爱上一个人，或许只要一秒钟，一分钟，但要忘记一个人，却要费尽一生。

所以，张国荣，这一生，我都不可能忘掉你了。

所以，这一生，我都要为你而疼，为你而痛。

我对你是，“你不曾真的离去，你始终在我心里”。

是看了《白发魔女传》我才知道，爱情可以简单到如此地步：他只是给了她一个好听的名字，她便将自己的心交到了他的手心。

只可惜，原本天造地设的一对金玉良缘，非要历经命运的残酷考验，才能真的携手一生。

《红颜白发》是她的痛，却更像是他对自我的救赎和悔悟：如果可以早一点相信她，如果可以不那么急着去怀疑，也许，人生将要重新来过。她也不会红颜变成白发，一个人孤苦地痛恨爱情。于是，“谁说，爱是那样难”，道出了卓一航心底的悔恨，也给世人提出了一个值得深思的关乎爱的疑问。

电影《阿飞正传》中飞着一只励志又悲凉的动物：无脚鸟。后来，很多人将他当成张国荣人生的真实写照。

的确，他是放荡不羁的。可是我觉得他并不是真正的无脚鸟，他的形象，是要比这只无脚鸟要精彩得多，精致更多。

他的一生，也只有那么一次落地，鲜血淋漓，令我们痛不欲生。

所有一切加起来，就是《宠爱》。

这样多情善良的张国荣你怎能不去宠爱？这样善解人意的张国荣你怎能不去宠爱？这样决绝犹如一阵风的男子，又有谁忍心不去宠爱？

《宠爱》凭借多年积累的人气获得不错的成绩后，一年后，张国荣又在滚石推出了自己的第二张专辑《红》。

满眼望去，唱片的封套只有一片汪洋的红色，内页中夹杂几张黑白色彩对比鲜明的照片，顿时在红色大背景的映衬下，闪现出几分迷离的神色，似荒原中独自盛放的罂粟花。

这是无处可躲的视觉震撼，彷佛全世界的红瞬间凝聚在这里。

其实，这张专辑才是张国荣复出乐坛后，真正交出的第一张“成绩单”。

《红》集合了梁荣骏、C. Y. Kong——如果说《风继续吹》的制作班底代表了张国荣前期音乐，《Summer Romance'87》的班底代表了中期的话，那么《红》的创作者们，可以说是张国荣复出乐坛之后核心班底的首次亮相。而林夕的加入又令这张专辑更为精致，特别是张国荣本人亦是这张《红》的制作人之一，全部歌曲皆是度身定做，浑身洋溢着一股妖魅但不安份、时尚感强却有透着无限朦胧性感的意味，似在隐约透露和表达张国荣那不为人知的另一面。

Alvin Leong（梁荣骏）曾一手为张国荣创作《风再起时》，成就了当年的乐坛绝唱。老朋友再度重逢，势必要摩擦出激情、热烈的创作火花——CD 缓缓发声，最先听到的是这张专辑的引子，也是《红》这首歌的 intro，《Prologue》用电子节拍敲击而出，一定程度上代表这张专辑的门，一旦打开，里面一个瑰丽性感的世界立即扑面而来。

同名主打歌《红》，热情、奔放，娇艳动人，每一次开口喊出的“红”都像是一场赤裸裸的激情色诱，像蔷薇，引诱心内猛虎；似怨毒，挑逗性质十足……你突然觉得，红这个颜色，变得可以听到，可以感触到，可以拿捏在手心，甚至一口吞到肠胃。

在《宠爱》之前，张国荣的创作似乎只是浅尝辄止的试水，除了《风再起时》出自本人之手，他的唱片里由自己作曲的主打歌似乎并不多见。而《红》呈现的则是完完全全由他本人勾勒而出的意象，更是他以制作人的身份为这张专辑所定下的基调——《红》，开启了其音乐创作的新时代。从那以后，他是一位用灵魂吟唱的歌者。如果一位歌手的生涯可以用光芒去形容，去诉说、纪念，那么，从此刻开始，张国荣开始走内心戏，开始敞开胸襟，释放他埋藏已久的巨大能量。这道亮光注定黯淡所有过去，辉煌的不辉煌的，磨难的顺心的，他从加拿大回来之后，他拍了几部经典的电影之后，《红》这张唱片真实地让人感觉到，一个全新的张国荣，诞生了。

林夕凭借他那敏锐的灵魂触觉，为整张专辑添加了不可忽略的光彩。值得赞扬的是，在张国荣退出歌坛数年的音乐创作中，他也终于与张国荣建立起十足的默契。这位才华冠绝华语音乐界的填词人，从《红》开始，正式成为了张国荣的代言人，并用一支妙笔为张国荣写下心声之曲。而《红》这张唱片的所有歌词，也均由林夕包办。

唱片中另外两首《有心人》（这首歌是张国荣为电影《金枝玉叶 2》谱写的主题曲，原唱是这部电影的另一位主演梅艳芳，而这次的《宠爱》，他将这首歌拿回来自己演绎）和《意犹未尽》，同样由张国荣亲自操刀作曲，再次展现他在音乐上的创作才华以及多边的音乐思路。

《怪你过分美丽》中并不如你一开始所想，是对身边一位美若天仙的人的由衷之情，反倒充满了令人意想不到的哀怨，在一声声痛彻心扉的哀怨中，听者的心被紧紧抓牢，你会觉得，事到如今，如此地心痛，都是上天赐予那个人无与伦比的美貌。真心不知道当初他们在合作创作这首歌曲时，是否充分挖掘了张国荣本身所具备的优质的外貌特质。如今想来，《怪你过分美丽》倒完全成全了迷恋他的人，是那些爱他的人在失去他之后，从内心深处发出的一道深刻的哀叹！

而《不想拥抱我的人》中，张国荣再次以经典、细腻的嗓音，完美地诠释了一个怨男的哀怨情绪，听起来的感觉似是空中落下一滴细密的水珠，隐隐约约在人的心头激荡起一圈小小的涟漪。

此外，《怨男》的轻佻迷情、《偷情》的纵情肆意、《你我之间》的寂寞孤独，无不使人感觉一股来自心底深处的力量，随着歌曲节奏渐次绽放。而你就像是一头堕入猎人陷阱的小兽，随着音乐旋律的循序渐进，甘愿沉沦，不可自拔。

来吧，这绝对是享受中的黑暗，黑暗中的极致享受。

事实证明，《红》作为张国荣重视艺术成分的一张唱片，的确获得了市场空前的关注，给当时萎靡不振、没有丝毫创新的流行音乐市场打了一剂强心针。

红，像蔷薇任性的结局。

它美得就像一场幻变的梦。

也是从这张专辑开始，张国荣首次尝试以女性红色高跟鞋的扮装进行全新演绎。

随着这张专辑的迅速走红，红色立即成为张国荣后半生的生命底色，他的音乐从此进入独具一格的赤色年代。

有人曾评价，这张专辑给人的感受是“喉管里的纸醉金迷”。

然而《红》随后又发行了多个版本，张国荣就是这样，在你以为《红》应当、只能是这样的感觉时，又立即变出多种风格，令人感怀，令人遐想。

也许吧，《红》永远只能是一种感觉，一种说不清、道不明，但听者乐享其成，会情不自禁被牵引其中的一种致命错觉。

这些年来，满满都是爱

> 我信仰我自己，信仰我自己的信念，我想每个人都应该这样。
>
> ——张国荣

其实在《宠爱》之前，张国荣的国语专辑并不是很多，且大多都是因顾及台湾市场而发行的作品，这些唱片内的多数曲目，也都是原先的粤语歌经过重新填词所得。如《不羁的风》的国语版《停止转动》,《沉默是金》的国语版《明月夜》等，虽然相对于八十年代台湾歌坛的整体水准，这些国语唱片的质素尚可，但相较于粤语原创专辑而言，总是让人觉得少了那么一点点诚意——当然，作为商业流行歌手，市场本身就是评价专辑好坏的重要标准。

而加入了国语群星闪耀、创作人实力雄厚的滚石之后，第一张专辑《宠爱》便表现不俗，而在滚石的第二张国语原创专辑，更是达到了张国荣所有国语唱片里的巅峰。

《Printemps》，中文又叫《春天》，是张具有“国际范儿”的专辑，全部制作在日本完成，且专辑是以法文命名。很难讲清楚张国荣唱粤语和国语哪个更动听，各有偏好而已。

封面就很春天的感觉。绿色的树叶衬着他柔美的侧脸，清新自然，没有累赘，满是轻快的节奏。

第一首《真相》，从字里行间能感觉到来自张国荣那熟悉的味道，不管是“你早该走了，我早该懂了”抑或“爱终于走了，我终于醒了”，那股暖暖的心碎之声，以温柔却坚韧的力量击破感情防线，等到一曲终了，才发现眼泪低垂。这首歌就像是一面纹理光滑的镜子，照出了情感裂变的伤痕，痛越是清醒，越痛越沉沦，最后竟不知是沦陷于他独有意味的低音声线里，还是臣服在那惹人心疼的忧伤神情中。

《作伴》有着轻盈的曲风，唱来像在倾诉心声。从自身来说，张国荣与唐先生感情交好，如沐春风，唱这首歌正有相携作伴的美好憧憬。抑或是庆祝这次归来，能再找到“音乐”这位好伴侣，可喜可贺。

《取暖》里他又变作性感温柔的男子，独自一人置身于天风吕（温泉旅馆）之中，在仅有方寸之地的浴缸内时而蹙眉，时而展颜；时而奔跑，时而静默。暴雪袭身，大雨不歇，他于一片凄清冰冷的世界里倾诉美好愿景，彰显出一种来自冰天雪地的温暖——哦，但见他于狂风暴雨中马不停蹄的奔跑，多想上前拥抱取暖，哪怕只做一刻停留。

其他推荐的歌曲有《宿醉》《电风扇》《被爱》……无不是经过重新整装，预示着一种精神上的再度出发。

这次国语市场的再征战，商业成绩也表现不俗，因当时张国荣接拍了中国内地制作的电影《红色恋人》，在内地各地的宣传带来了一波又一波的“张国荣热”，因此这张专辑也成为了为数不多的、大陆歌迷可以接收到张国荣本人亲自来宣传的唱片。而在台湾，为了《春天》这张专辑的宣传，张国荣更是跑遍各大综艺节目进行访谈，令这股热潮在岛内得以持续蔓延。

《这些年来》是一张精致的专辑，因为整张 EP 只得四首歌，而上一次张国荣发行 EP，则要追溯到他出道之初了。《红》之后，张国荣卸下妩媚姿态，突然走起“邻家大哥”的温暖路线，一脸清爽干净地坐在午后温和的阳光里，呷着咖啡，慢慢地向大家坦白这些年来的感情归宿，没有距离，没有隔膜，如此地自然：《这些年来》是爱的道白，“投入过怀念过忘掉过，这角色要几多有几多，任何样子都可，似雪片掠过星河”，压低的嗓音恬淡而磁性，像是喃喃自语，又像对着爱情倾诉这些年的情感波折，犹如空气中散发出的原始快乐；《上帝》是爱的内容，除了他，没人能将嘶吼般表达畅快的热忱演绎得如此生动，这首歌里的他自有一股天真的霸道，“随便来喂喂喂，大声指挥”，——似要竭尽全力释放热情，带了些尼采式的癫狂，正如他说，“如果说世上真有上帝存在，为什么不会是我”；《以后》是爱的相处，这种“彼此心中都有人，彼此分享这缺憾”又是“近在面前哪用觅寻，可以吻便吻”，绝对颠覆一切爱情模式。仔细分析，能得到这样高段位的爱情，亦是需要一股强烈的自信，对方与你，不在天涯海角，而在彼此心内，是从内心深处的相信，才能如此地收放自如；《最冷一天》是爱的未来，“只要认得你再没有遗憾”似耳语的低吟浅唱，却是世间最坚定的誓言，“任面前时代再低气温，多么的庆幸，长夜无需一个人”，一如天南地北生死相随的双飞燕，“任未来存在哪个可能，和你亦是最后那对变更”，当他颤抖着唱完整首，黑暗中，不知有谁的心破碎一地，如一声轻轻的叹息，就能埋葬整个灰色过去。在真爱面前，他已无所畏惧，“仍然能相拥才不怕骤变，但怕思念”，只害怕再没一人守护身边，而有趣的是，《最冷一天》这首歌，正是《取暖》的粤语版本。但两首歌的编曲却大不相同，《取暖》中沁人心脾的吉他给人以温馨、舒适、相伴相随的愉悦舒心，而《最冷一天》则显得凄厉冷峻。

这首歌是“执子之手，与子偕老”的场景：写的是“最冷一天”，唱的是“死生契阔”，可惜的是，最终却无人同他拥抱入眠，共同度过这世间最冷一天。

整张专辑满满的都在写爱，却不再是轰轰烈烈的宣言，有的只是回首之时的淡然。张国荣的声音真是可以容人沉醉的，低沉的声音在入夜时分袭来，格外揪心，在如今太过纷扰的人世，更需要这样一份清醒。

以前曾看过一句话，“舌尖断了，而甜永在”，不明所以，直到听到他的这张EP。空气中冷冷的各处都不再有他的影，然唯有温暖的声音穿透所有。

以放空的姿态再欣赏一次《这些年来》的MV，多倾听会带来更深刻细腻的感受，他所有关于情感与阅历的思考，都在画面上一一呈现。只因心内坚持不流俗，他正一步步接近曾最想要呈现的音乐追求。

MV里，他身穿白色高领毛衣，面庞安静而从容，褪去了早年的躁动气息，整个人宁静且充满力量，而他那把为世人所倾倒的好声音，在参透了人世冷暖后，也变得更赋深情。

1998这一年，他早已不再是刚出道时的毛头小子，看看他定格在封面上的侧脸，线条平滑而温顺，嘴角轻轻地上扬，露出独一无二的曲线。这些年来，他经历了什么，得到了什么又失去些什么。经过时光的淬炼，从眉梢到眼角，这张温厚纯净的脸，更多的是获得了岁月的温柔相待。这么多年，他都是得宠的，在爱与被爱之间徜徉，终于懂得如何唱出心中的脉脉温情。

记得他曾说过，“要记得的，始终都会记得”。一路走来，风尘仆仆，要记得那些默默向上游的岁月，记得艰苦奋斗，记得如何投入自我才收获今日的云淡风轻。还好，还好，岁月仍使你眉目如画，神采飞扬，只是身体内多了一份经由年月积累下的宽容与豁达。

然后，他用他的全部收获，来讲述一个关于爱的故事。就像封面上那对身体佝偻、互相搀扶着的老夫老妻，这种历经世间沧桑共赴白首的感情虽平淡却真实，比海誓山盟更加长久动人。

娓娓道来的，不只是他的感受，更是人间最为珍贵的爱情。低沉的嗓音讲了一切关于爱的故事，在急促的节奏声中，时光匆匆掠过，一句叹息就是一场人生。

听到“这些年来”他的消息，回首那些年来有他在场的春天，总是春光潋滟，碧水映天，连最深刻的爱亦要经历生死离别，只是有了这般，一切才能灰飞烟灭，一切也才能获得永恒。就像去看瀑布的原本该是两个人，谁敢说黎耀辉独自一人站在瀑布旁时，心内没有思念？

你回来，惊艳了整个春天

在乐坛多年，我最大的收获并不是名和利，而是获得一帮忠实的拥护者。他们对我的支持，令我对自己更有信心，他们对我的爱戴与拥护实在令我非常感动。

——张国荣

“1999 Hot Summer，在环球唱片再会旧友，让我情难自控更使我无心睡眠，够了……够了，内心争斗，是否由零开始。还是无需要太多，或是沉默是金……一个寂寞夜晚，月正亮，我Leslie承诺要与音乐再恋上，要唱我的未来之歌，还要与环球携手共同度过2000年，浓情十万年。”

这段话出自张国荣于环球唱片的签约内容。在签约记者会上，这份合约用精美的牛皮纸包装起来，准备了一百份分发给到场的记者，编号是99001到99100，而99001号则由张国荣本人珍藏。如此费尽心机，足可见环球唱片的诚意，光是两个小时的签约仪式，就花去六位数字的港币。

发行完最后一张国语唱片《春天》之后，张国荣与滚石唱片的合约到期。由于张国荣本身不是拥有台湾血统的滚石唱片的嫡系战将，且在滚石唱片的数张专辑，除了《红》之外，香港的创作力量并未很好地凸显，张国荣的个人特质似乎也并不是很明朗，因此他选择了更换东家。

天王换东家，对于乐坛来说可是大事。此时，英皇唱片和环球唱片均竭力争取张国荣的加盟，而后者由于并购了宝丽金——即张国荣之前的唱片公司“新艺宝”的母公司，加上陈少宝又是他的老朋友，并且环球也许诺给了张国荣充分的音乐自主权和不菲的签约价格，于是双方一拍即合，张国荣加盟环球唱片。

《陪你倒数》就是他加入环球之后发行的第一张唱片。其中一首《左右手》，依旧与林夕搭档，发行之后一举成为“1999—2000”年度的大热金曲，横扫各大歌曲排行榜，获奖无数，成为此时期他的代表作之一。“热·情”演唱会上他曾说过，“因为有这一首歌，才会有一些朋友，一些新的 fans 中意我”，可见这首歌意义重大。

对歌曲，他向来有自己独到的看法，对《左右手》的理解亦是深入浅出，他说，这首歌最初在录制第一个版本时，他个人比较倾向于清淡的感觉，乐器极简，就一只吉他伴着人声唱。而第二个版本则特意重新 remix，开头和结尾尤其做了特别处理，像通过电话听到对方的絮语，声音听起来有些沙有些蒙，让人动容；中间部分则用回自己的声音，于是整个歌曲便又焕然一新。

通过不断地努力，《左右手》这首歌有了味道独特的三个经典版本，original 版浓烈，acoustic 版清淡，调乱左右版的摇曳，这就是他做音乐的专业精神，三种不同风格的演绎可谓是意料之中的成功，意料之外的惊喜。值得注意的是，不管是哪个版本，在聆听他的歌曲时，都必须让自己的鉴赏力和判断力做到随时待命，因为稍有走神，就会与歌曲中的惊喜擦肩而过。

当然，这张专辑收录的仍是《左右手》的原版，至于调乱左右版本的有趣尝试，在《陪你倒数》的VCD中便可见到，而acoustic版，则见于其后发行的EP《Untitled》中。

这首“让很多新fans中意我”的《左右手》在1999年可以说是红透半边天。

那一年，四大天王统治香港乐坛的时代还没有完全结束，而许志安、李克勤等港乐中生代又“虎视眈眈”，强势的新人谢霆锋已经开始拥有接替四大天王的大热趋势，而后来成为港乐领军人物的陈奕迅也已坐拥华星一哥宝座，向乐坛发出强有力的冲击。而张国荣的同辈歌手，除了校长谭咏麟还发一些玩票性质的专辑之外，其他人已经罕见新作。而仅仅复出乐坛三四年的张国荣，早已经拒绝领奖。在这种情况下，恐怕谁也想不到《左右手》能取得如此优秀的成绩。

十大中文金曲、叱咤乐坛至尊歌曲大奖和新城劲爆年度歌曲金奖仍然坚持把荣誉授予《左右手》。而当年的十大劲歌金曲颁奖礼，张国荣也终于继许冠杰、谭咏麟等歌手之后，获得荣誉大奖。

在退出颁奖礼十年后，哥哥还是再一次站上了香港乐坛代表至高荣誉的领奖台。

在十大劲歌金曲的颁奖礼上，哥哥一袭礼服，款款动人，他再次拿起话筒，唱起《Monica》，唱起《有谁共鸣》，当然，还有本年香港乐坛最红的一首歌——《左右手》。

当《左右手》一曲终了，铿锵有力的鼓点再次响起——没错，又是《Monica》！台下的天王、天后们与台上的张国荣一起扭动身体，如粉丝一般跟唱着。时光仿佛穿越回了1985年。那一年，是张国荣第一次凭借《Monica》受到港乐颁奖礼姗姗来迟的肯定。而这一次，同样是《Monica》，同样是劲歌金曲颁奖礼，时光已经跨越了十四年，不变的是他一如既往的超凡魅力。

说回《陪你倒数》这张专辑，它同时收录了《全世界只想你来爱我》——《左右手》的国语版，是张国荣与林夕这对经典组合在音乐里程碑上达到的又一高峰。总体来说歌曲曲风迷幻、歌词隐晦，看似世界末日的背后包裹着许多孤寂，而最为经典的一句，"你离开了，却散落四周"，一语成谶地成为别人对他的难忘追忆。

这首歌原本不是写他的恋情，亦不是为同性恋做争辩。站在艺术的角度来看，无外就是个人感情积蓄到一定程度的爆发与释放，可惜误解他的人太多，谣言四起，实在辜负了他这番努力。

这张专辑之所以叫"陪你倒数"，是因碟内《陪你倒数》这首主打歌。这首歌内C. Y. Kong用电子音乐营造出了诡异的气氛，而整首歌表达的，也是契合一种末世情怀——因当时传说1999年便是世界末日。这首歌长达十几分钟，原本与专辑的第一首歌《梦死醉生》同属一首歌，但这种纯艺术的创作无法适应香港音乐制作的商业化，于是便被硬生生地砍成了两首，所以《梦死醉生》和《陪你倒数》的旋律，也十分相似。《梦死醉生》是全张专辑的第一首歌，而《陪你倒数》是除了两首国语歌之外的最后一首，因此也算是前后呼应。

这两首歌不再拘泥于情爱，而将更多的个人特色融入音乐制作中，此可谓果决放弃自己在演唱方面的明显优势，而去拓展全新的领域由此打造一片视听盛宴。在这首歌中，张国荣将自己对梦幻生死的快感和颓废，切入预示生命无常的末世思想，再加上林夕华丽而精准的词，C. Y. Kong 绝妙独特的编曲，成就了一场奇妙的个人梦幻。“也许生死之间也是个梦，无所谓弄得懂”，生命太过渺小，许多事情没有必要纠结与较真，趁闲暇在心中种满篱菊，孤独亦是好时光。张国荣此时的声音，经过岁月的沉淀已经变得沧桑、沙哑而低沉，正是这种独特，将两首歌中的末日情怀唱得分外有力。

《春夏秋冬》这首歌虽不是这张专辑的主打，但亦从中渗透着他的创作灵魂。特别对真正崇拜和热爱他的人来说，每次听到这首歌就仿若与四季清谈，交换与他的消息。歌里裹着他那些沉甸甸的情思与清淡淡的哀伤，然后又有一些不为人轻易所洞察的小确幸，“秋天该很好，你若尚在场”，不知落叶翻飞的深邃季节，他可曾真的听到来自大地的由衷呼唤……

《寂寞有害》，一个力透纸背的歌名，这首歌写的是一种爱情态度，因为寂寞而渴望获得爱，渴望获得温暖，但爱了就难免会受到伤害。张国荣借这首歌想要表达，爱与寂寞其实可以做到和平相处的，没有爱情之前，寂寞并不可怕，怕的是有爱之后的寂寞，“失去我去换九千种期待，无害”。歌坛复出之后，张国荣将很多精力放在了对歌曲的幕后制作上，他不再满足于表面化的唱与演，他写了很多抒情歌曲，而这首歌亦是心声之曲，包含其更多的创作心意。

其他推荐歌曲亦各有特色，如《心跳呼吸正常》，作曲人徐日勤曾是陈百强的御用音乐人，首次与张国荣合作即摩擦出了动人心魄的花火。这首歌也是张国荣后期为数不多的非林夕作词的作品，名冠全港的老牌填词人林振强再度操刀，写出了一首与林夕风格完全不同的分手情歌。虽是分手，却没有丝毫伤感，而是豁达地放下了曾经的恋情，宽慰前度自己仍然“心跳呼吸正常”，不需要再祈求对方的关心。而为了这首歌，张国荣也第二次拍摄了音乐电影——《左右情缘》。上次拍摄音乐电影还要追溯到八十年代的《日落巴黎》。而与《日落巴黎》请到张曼玉、钟楚红两位美女助阵相似的是，《左右情缘》同样请到了两位美女作为主演，一位是同公司力捧的玉女新人张柏芝，而另一位，则是在结婚后便息影多年、直到张国荣邀请才再度复出的邱淑贞。

《同道中人》比较有特色的是林夕的词，“经过愿意、后悔、有心、变心，经过挽手、放手、快感、冷感，经过重聚、离别”，只用几个简短的词语便将一对恋人从相识到分手的场景交代得利落干净，使有恋爱故事的人听过一遍，就能忆起往事心情。

值得泼墨描写的还有《小明星》。在《小明星》背后有一个荡气回肠的故事：1999 年亚洲金融风暴之后，香港导演集合一线演员组成“创意联盟”，要所有的演员降低片酬拍有诚意的电影救市。当时有位名叫张之亮的导演，带着一部名为《流星语》的剧本寻找合作演员，很多一线演员都对剧本赞不绝口但谈到片酬就统统拒绝掉了。唯有张国荣在听说了这件事后，当即答应合作，并且愿以零片酬出演该剧主角！但涉及到合同问题，最后象征性收取“一块钱”作为片酬。

《小明星》即是这部电影的主题曲，由张国荣一手打造。“原来再珠光宝气，无法代你”，这不就是在说他吗？单不说这首歌的旋律、歌词，仅就这个简单的故事，亦足够打动人心了吧。

有些情愫不会随着时光的流逝变浅变淡，即使是那人当初执意告别歌坛，可当他再回来，依旧有温暖如春的怀抱迎接；纵然这之后终会有残忍的告别，且他永远不再回来，但有心人懂得有幸相识相知更懂得相恋相守，爱他的人纵然千山万水走遍，亦会听着唱歌这首《陪你倒数》，陪他倒数。

这么远，那么近

观众是很聪明的，他们知道哪一句是我的衷心之言。

——张国荣

2000年3月，为给即将到来的“热·情”演唱会造势，张国荣迷你新专辑《Untitled》全港发行。这张专辑共计五首歌，《路过蜻蜓》《左右手》Acoustic版、翻唱英文歌曲《I Honestly Love You》《你这样恨我》以及《枕头》。

五首歌全部为情歌，情人节刚过，他想多留一点关乎爱情温馨的感受给世界。这张专辑他弄的很轻很轻，轻到好似一阵晚风吹过，你只要窝在沙发里打开按钮，就能跟随他走这一程轻松的音乐之旅。此外，这几首歌的编曲也都契合了专辑的这种特点，整张EP的几首歌，编曲竟然没有一首用到鼓，甚至连上张专辑伤感的《左右手》，也改成了颇有海滩风情的版本。

“享受音乐，享受生命”。他每一张专辑都有一个积极的主题。

张国荣亲自赋予每首歌意义。

而专辑内最值得一提的，当属《路过蜻蜓》。离开滚石后，张国荣便鲜有和台湾音乐人合作，而《Untitled》中的这首主打歌，则是台湾知名作曲人陈晓娟的作品，而作词，依旧是老搭档林夕。

拿到《路过蜻蜓》词部分的第一眼，张国荣认为这是一个关乎三角恋的故事。在这首歌里他要拿捏的是男主角作为一只“路过蜻蜓”对爱情的那种若即若离的感觉，以及在收到感情重创时候如何继续坚持付出。

其实，说是“三角恋”，倒不如说是歌中的主角对心上人求之不得的苦苦寻觅。“若你没法为我安定，宁愿同赴流浪旅程”，平淡中暗含着坚定却也饱含着辛酸，因为你并不愿为我放弃你不羁的生活，所以我只好追随你而去，“让我做只路过蜻蜓，留下能被怀念过程，虚耗着我这便宜生命”，我将自己放得很低很低，像蜻蜓一般路过，但能与你有片刻交汇也是不虚此生，尽管在你看来我的生命只是虚耗。

2013 年夏天，陈奕迅在他红馆演唱会场次一加再加之前，发行了 EP《The Key》，而其中的一首《失忆蝴蝶》，又是陈晓娟和林夕联手打造，而这首歌正是《路过蜻蜓》的续篇，与《路过蜻蜓》不同，《失忆蝴蝶》满是对往事的坦然与豁达，歌中说两个人“只差半步成诗”，但却丝毫遗憾都未流露，有的只是对往事的坦然。“随时能欢喜亦随时嫌弃，这样遗憾或者更完美”，是啊，与其让枯燥冗长的生活磨平这份珍贵感情，倒不如留下遗憾。

《路过蜻蜓》为我们留下了一首满是遗憾的心酸之曲。而十三年后，那只虚耗着便宜生命的蜻蜓，终于化蝶。

《I honestly love you》则从头到尾透着一股甜蜜；《左右手》是讲述动情；《你这样恨我》是在看清爱情之后的一片淡然，而最后的《枕头》则是讲述性感。

这张专辑又特别收录了封面拍摄花絮，张国荣以不同造型在镁光灯下变幻身姿，每个表情都极致淡然优雅，眼神笑到迷离，朦胧中有种醉生梦死的美丽——像一个临界天使，发出耀眼的光芒。

同年8月，他又发行专辑《大热》。其中这张专辑里的《没有烟总有花》是一首一语双关之曲，既象征爱情，又暗含着戒烟的主题，因此成为千禧年共创无烟草香港运动主题曲。它亦是张国荣自导自演的首部电影《无烟草之烟飞烟灭》的主题歌。值得注意的是，在不到一年时间，又被重新编曲收录于《Forever 新曲+精选》中。我们现在仅就此张专辑中的进行分析。总体风格上，这一版的《没有烟总有花》更有流行音乐的特点、音调更高、节奏感更强、更具煽动性，因此适合拿来做演唱会用。整首歌编曲也很大气，以钢琴加弦乐突出人声和音部分，很吸引人，也许是为了承担更多的社会责任，以便这首歌能够获得更高的传唱度，亦为了之后的“热·情”演唱会可以更好地演绎，所以采用了这个版本。

《侯斯顿之恋》前奏响起，静谧聆听似透着一股风沙的悲凉与幽怨，又能窥探到情侣之间甜言蜜语地闲聊，很天真，很轻暖，虽然都是离别，但与《左右手》这种主题是分手的歌相比，多了几分希望与憧憬；《愿你决定》不再只是单纯的激烈或是锐利，也许人到中年，过尽千帆，再去吟唱某些东西已不觉得带上时间所镌刻的某种情绪，唱歌的技巧不再重要，从歌者的声线里所传递出的情绪需要花时间细细琢磨。“祈求望命里注定就算几多风雨劲”，张国荣在演绎这样一种情态时，肌肉是松弛的，然而语气很重，所传达的情感果决而直接。林夕在对这首词的驾驭上亦是少了许多天马行空，却是满满地塞着旧时温馨。于是，画面与声音所共同勾勒出的场景是这样的：在岁月缓慢而无声的流逝中，爱情也走到了紧要关头，美梦年华得遇一人知心，愿你决定，在相爱中留住这甜蜜过往——这或许是想要唱出“岁月如歌”的心境吧！

闭上眼睛，仍能怀念起这首歌中所描绘的画面，两个甜蜜的人并肩走着，走着走着一人消失了踪影，连电话通讯都联系不到，走着走着另一人身后只剩下荒凉的沙丘，没有鲜花，没有绿洲。但就是天地间再无那人的音讯，痴情的一方仍旧不肯放手，留在胸口的尚有那人的余温，让人流连忘返。

很美的爱情。只是不知道这世上究竟有没有呢？

说到《奇迹》这首歌，如果单从爱情方面解析，无疑包含了两对人意味深长的爱情故事。不管是张国荣与唐先生，抑或林夕与黄耀明，“天爱上地，不会完全凭运气”，似在讲述这样的相爱纵然有运气的成分在，也是少许。重要的是什么呢？他们彼此之间的真诚与默契。林夕再次用绝妙的笔峰打造出一个“孤雏传奇”般绝然的身姿，张国荣又以沙哑、凄厉但坚决的嗓音继续征服世人耳膜，看那歌词，写得决绝，“那日我狂哭不止，不再哭才只不过为了伴你欢喜”，不似《我》那样孤傲自信，却是铺开了一层密集又狠毒的伤口，鲜血火红，触目惊心。

《午后红茶》像在一个闲暇的午后，泡了一杯香味浓郁的红茶，呡上一口，胸腔里满满的都是醇香的气息——却原来世间有一种爱情还可这样，任别人打情骂俏，我们只需一杯对饮，由此也是各怀好梦，天涯同路。也许吧，真正的爱情就是无声的相陪，不论风雨，你知他在。

《没有爱》是电影《恋战冲绳》主题曲。在电影中，王菲与张国荣演绎了一场追逐与逃避的戏码。没有那种宏观的美好，却在极其细微的地方发现爱情的真谛。电影的最后一个镜头是：他们远远地站着，互相对视，痴心的视线落在彼此身上，然后，心照不宣地笑。那个明媚的笑容就此定格于荧屏，也定格了张国荣又一年的峥嵘岁月。

浪花在不远处欢乐地卷着，歌唱，宛然一幅清新脱俗的恋爱画面。这格调本身就透露着一丝喜气。啊，如此单纯美好的爱情。

而同名主打歌曲《大热》，是张国荣奋不顾身的一场大爱。他要在一场《大热》中爆发所有能量。

至于这张专辑的经典——《我》，则带着张国荣独有的个人气息，他对这首歌偏爱到无以复加。很多场合，这首歌所描写的原本就是他内心深处最真实的想法。它，或可是他对自我身份的一种认定。“我就是我，是颜色不一样的烟火”，“我永远都爱这样的我”以及“孤独地沙漠里，一样盛放的赤裸裸”，这是他的骄傲，但不是所有。像是对全世界的宣言，他那样热爱完美的人的确需要证明自我：我们知道他是光明磊落的，但有些人故意装不懂；上帝都相信他是造物者的光荣，但有些人偏爱挑事。

每次，当他在演唱会上唱出那一句，“I am what I am”，全世界都知道他为自己而骄傲，对于这首歌里所提到的东西，他既保留着莫大的希望，又心怀小小的忐忑。这一点，不懂他的人，永远不懂——然而真不知道，偌大的世界喜欢他的人何其多，真正懂他的又有几个？从这个角度来说，他想必明了自己始终都是孤独的，但这不妨碍他一样赤裸裸地盛放。

其他的歌曲，《Don’t Lie to Me》是一首快歌，乍听起来透着80年代的风范，讲述了一个算是有趣的故事；《身边有人》是表面无恙心里却早已惊涛骇浪……

是的，整张专辑都是表达和说服，没有多余的环境描述，没有累赘。这与张国荣早前的风格完全不同，因而首次听这张专辑心是掏空的，不明白他为什么一定要放弃自己最为擅长且已有基础的东西，来做这样一份全新的尝试。

一番思考之后明白了，根本也没有什么理由。他只是跟着内心走。

总以为一切还可以更好。但没能预料到，《大热》会成为他此生最后一张收录满十首歌的个人专辑。

《Cross Over》是张国荣、黄耀明两个人合作的一张 EP，两人在 EP 内，合唱了《这么远，那么近》，互相唱了对方的一首歌，黄耀明演绎了张国荣所作的《如果你知我苦衷》（原唱周慧敏），张国荣演绎了黄耀明的《春光乍泄》，两首歌的作词都是林夕，也许冥冥中注定了什么吧。

而林夕，也为张国荣在这张细碟内创作了另外一首《十号风球》，这首歌是十号风球登录香港时林夕有感而作——当然，十号风球来临之时，林夕还写了另外一首歌曲，《假如让我说下去》，而歌曲的另一位主角，也不言自明吧。

值得赞许的是，这张专辑内也有张国荣和香港乐坛的另一位“伟文”黄伟文的第二次合作，《这么远，那么近》，虽然只是独白，但黄伟文在其作品的十年精选中，依然把这首歌的演唱者标注为张国荣。而张国荣的所有独白，均是他在录音室内的即兴创作——仅仅是即兴，也成就了一曲经典。虽然在 MV 的拍摄之中，张国荣由于抑郁症的困扰没有出现而最终仅仅用了黄耀明和张国荣的照片来完成，却仍然不妨碍这首歌的伟大。黄伟文的每次作品精选，这首歌均出现在显要位置。而黄伟文为张国荣所创作的两首歌，《芳华绝代》和《这么远，那么近》，在其作品音乐展Concert YY中，一首作为开场，另一首作为压轴，可见在Wyman心目中两首歌的重要程度。但是，这位音乐鬼才，却没有等到与张国荣再度合作的机会了。

第三辑　你转身，一失去就是一辈子

猫有九条命，但电影演员可以超过九条命，每一部电影就是一个生命。

——张国荣

依本多情，不忍长别离

天生之表演者。

——日本《朝日新闻》

时间退回到 1985 年 8 月 2 日的香港红磡，人潮涌动，热浪沸腾，这里即将举行张国荣夏日爵士演唱会。作为一名歌手，他深谙香港红磡所代表的意义，凡属当红歌星，必定都会在这里举办自己的演唱会。从 1978 年发行首张专辑《Day Dreamin'》到 1985 年发行第六张唱片《为你钟情》，八年时间过去——这一天，他终于等到。

心情是激动的，连他自己都说，“在红磡体育馆做演唱会，我属于初生之犊”，但勇气亦是可嘉，“可是我的信心，加上强劲的幕后人员支持，信心更强”。

于是，这场以“一触即发”为题的演唱会，在各方人员的支持与配合下，在他满心的期待与努力下，于这年夏日拉开序幕。

伴随着当年发行的专辑主打曲《为你钟情》的开场音乐，张国荣身着绿色西装、格子裤，从中间的小舞台通过升降台缓缓升起，可谓意气风发，夺人眼球。有趣的是，他第一次登台献歌，所选的歌曲正是同张专辑里的一首《第一次》——非常应景地表达这是他生平“第一次”演唱会的第一首歌。

接下来，《默默向上游》《一片痴》《我愿意》……首首热力四射，张国荣皆恰有所指地与歌迷互动，尽全力挥发，大汗淋漓，呈现出一个大家心中风骚、兴奋与落力的偶像模样。

如此地卖力，赢得歌迷潮水般的热烈掌声，更有哨子声此起彼伏。他很懂得照顾歌迷的情绪，在每首歌的间歇，都会上前与歌迷握手互动，脸上洋溢的是犹如朝阳般明媚灿烂的微笑。突然，当他走近大厅某个方位，人群中爆发出一阵热烈的欢呼，“靓仔荣，我们支持你！”突如其来的欢呼声使他又惊又喜，喜甚于惊，抬眼望向面前这些默默支持的人，竟情不自禁地落下眼泪。细心的演唱会嘉宾黎小田立即有所察觉，忙上前一步递上手帕，引得张国荣有些难为情地笑回，“我衰喇。”说着，他一把抓住黎小田，跟他一起合唱《蓝色忧郁》。兴致来了，他像个孩子拉着另外一个孩子，在有光环照耀的属于他的场地，疯狂地边跑边唱，几圈下来仍是兴致未退，可忙坏了一旁的黎小田。

一曲既终，黎小田归位。忧郁散去，扑面而来的带着一丝幽怨的《逝去的爱》，像一个奇迹，方才余热尚存的忧郁片刻褪尽，张国荣此时轻皱眉头，眉目之中夹裹了一层淡淡的哀怨，一小段之后，一个惊喜出现了——梅艳芳着百色裙出场，频频挥手与歌迷热情互动，而张国荣却不见了……

几段旋律之后，张国荣以一身白色西装重新出场，笑与梅姑合唱《缘分》。四目相对，只语未言，却真是将《缘分》此词唱到绝境，一如他们在歌坛的相互支持与鼓励，一如日后互相的关心与照料，这才是真正的好朋友，一辈子的真情谊。

《缘分》既完，梅艳芳即离场，无奈歌迷盛情不舍，声声呼唤，她只好笑着再献上一曲《似水流年》，张国荣便即兴走到她身后弹琴伴奏，两个好朋友真乃莫逆之交。

演唱会井然有序地进行着，重量级嘉宾亦是如数登场。接下来张国荣更隆重介绍了一同拍戏的好友陈百强，并热忱翻唱了他的《喝彩》后热情邀请他与自己同台演唱，直接粉碎了关于两人不和的传闻——其实两个人初期只是因为路线相近而有竞争，到了后期，正如张国荣本人所言，他和陈百强的风格已经完全不同，只是交集少了而已，所谓不和，只是无良媒体为了夺人眼球故意歪曲事实。

对音乐，张国荣向来不是霸道之人，他从来不认为个人演唱会就只能唱自己的歌曲，反而，他很推崇和欣赏那些有功底、有韵味的好音乐，因此，他翻唱了很多自己欣赏的其他歌手的代表作。《喝彩》之后，更有蔡枫华的《爱不是游戏》，期间蔡枫华手持鲜花上台，与张国荣一同热情互动。此番举动令蔡枫华深感激动，她拥着张国荣无比兴奋地说："此前我在他人的演唱会上从未有此一出，你这么做令我非常感动，我要给你一个吻。"全场哗然。

时间如春雨般小心细腻地流逝，面对快乐，时间总是有限的。当《风继续吹》的前奏响起时，张国荣已换作别样打扮重新站在歌迷面前，这首歌他全情投入，将整个演唱会气氛带至顶点，人群跟着歌曲旋律挥手与之呼应，他在台上早已感觉“风继续吹，不忍远离。”

转眼间，告别的时候到了。舞台周边的彩色小灯逐一亮起，将台上的人照射得更加容光焕发，云石地板光滑透亮，倒映出一个身姿挺拔的俊俏男子。道别的音乐一起，很多歌迷纷纷与他挥手，声嘶力竭呼唤他的名。

两个多小时，二十几首经典歌曲，张国荣首首唱得荡气回肠，引人侧目。然而，这样短暂的时间，不够歌迷好好欣赏他的舞台、歌喉以及艺术魅力。

如果说“85 夏日爵士演唱会”是一次惊艳的亮相，那么“86 浓情演唱会”就是温情的再续，温的是“依本多情”，是“当年情”，更是“为你钟情”。

1986 年 12 月 25 日，香港红磡体育馆再次迎来张国荣的第二场个人演唱会。1985 年首次演唱会后四个月，他即发行了同名中文专辑，而 1986 年又发行专辑《Stand Up》，因此，虽两次演唱会只间隔一年，但他的演唱会上仍有创新举动。有了“85 夏日爵士演唱会”的成功铺垫，前来观看他这场演唱会的歌迷，似乎更多了。

在歌迷心中，张国荣一直都是一个热衷音乐创作，为了唱歌事业默默奉献自我的人，很多歌迷通过演唱会与之近距离接触后，开始想要了解他的私人生活。聚光灯下的他，温暖、有型，好好靓仔，然而歌迷早已不满足此，他们渴望渗透到他的生活中去，认识一个更全面更细致的张国荣。

爱一个人时，我们常有这种感受，恨不能 24 小时与对方通话、聊天，掌握到他（她）更多的消息。

有很多歌迷认为张国荣很善于在人前展现自己孩子个性的一面，但其实对于一个本真的人来讲，大多时候都不过是一场真实反应。他是个好演员，但在生活中没有丝毫演技，他所展现的就是一个完全真实的自我，“我就是我，是颜色不一样的烟火”。所以，才会有歌迷这样反映，“讲话都好直白，很坦白，笑起来像天边的彩虹”。大概，这也是大家愿意心疼他、保护他，不愿他被外界所伤害的一个原因——永怀一颗赤子之心，他确是这样的人。

演唱会第一首歌即是《全赖有你》，张国荣身穿军装大衣，卖力唱跳，似有意将这首歌唱与众多歌迷听，“多谢，全赖有你们支持，现在送这首歌给大家，多谢你们的支持。”

在对整个现场演唱的流程把控上，张国荣除了每每操心与歌迷的互动之外，也很精准地把控着舞蹈的节奏、穿着的配合，力图在打造一场视觉、听觉全方位的超水准个人 Show。他对音乐节奏的把控如此到位，衣装亦是极富规律的变化，犹如荆棘鸟以生命歌唱，每次都展现出最正、最靓的自己。

唱到《少女心事》时，还很配合地根据歌词的内容对着台下做个飞吻，甚至“不计形象”跳那种张力很大的扭 PP 舞。他在效果极好的音乐殿堂疯癫，心中庆幸一路走来都有爱他的人相陪。

在最后一场演唱会上，竟要起了最为拿手的“撒娇戏”，“我现在好兴奋，又好失落，因为唱完这一场就没得做”。说着故意蹲下身，对着宠爱他的“亲人们”扮假姿态，发出呜呜声，但其实脸上笑得很灿烂——那是一个享尽宠爱的孩子般天真浪漫的笑。

一边撒着娇，他还热情地向歌迷介绍自己的圈中好友——在去年“85 夏日爵士演唱会”，他同样邀请了好友做嘉宾。那么，这次，来的也都是他的真心好友。他笑着把他们一个个拉到台上，相拥一旁，对着麦克风大声朝四周念他（她）的名，回顾彼此之间的友谊心路，让整个演唱会现场，骤然变得温情脉脉。

为何他这么在意这些好朋友？在此次向歌迷介绍其中一位好友时，他这样说，“这位是我一个好好的老友，因为在我还没被太多人接受的时候，她支持我太多”。是的，“滴水之恩，当以涌泉为报”。张国荣是一个知恩图报的人，感恩这种情怀，贯穿在他一生的成长历程中。

在面对这些昔日好友时，他也是无所顾忌，陈洁灵上台时，他竟笑着怂恿她去吃花生；看到张国荣一副放松的神情，她也就真的抓了一把往嘴里送；然后，他就笑着打趣说她是圈里顶级难斗的难斗婆，跟歌迷爆料打麻将应了名字，非常灵。这样有趣搞笑的互动，歌迷们都很受用，一个劲地在台下大喊他的名字。

可以想见的，梅艳芳再次出现在演唱会现场，惹的歌迷情绪高涨，又是一度惊声尖叫。此时，张国荣已下台换衣。梅艳芳趁机同歌迷打趣，“我做 Leslie 演唱会嘉宾好多次，前面那两人上来他都同她们谈天说地，轮到我就想理都不理，这真是好不公平，为什么呢?”这番话直把歌迷逗得笑成一片，不等回答，梅艳芳却又自答，“我知道为什么，因为他不想我讲话”。一转身，看到换装重新上台的张国荣，又故意大笑，“哇，真的上来了呀”。

这是一场打“温情牌”的演唱会，张国荣与好友的这种亲切、有趣的互动，在其他任何明星的演唱会上，都难以见到。若不是现实中好似一对姐弟、一对兄妹甚至一对兄弟，又怎会出现如此暖情的现场效果？仅就张国荣与梅艳芳故意推推让让的互动来看，他交朋友真正是怀抱着一颗赤诚的心。

时间继续流逝，《一片痴》的前奏缓缓响起，张国荣再换一身黑色的西装，席地而坐。伴奏间歇不忘打趣身旁的伴舞，“这十个美丽的伴舞，代表我十年的爱情故事”。惹得歌迷大叫，他却又坏笑着不承认，“没那么多，我这些歌都是恋爱中的男仔唱给女仔听的，我晓得台下很多男仔都追过女仔的，现在你莫扮纯情啊”。一边说着，还故意在观众席上指来指去，笑话别人是咸湿仔。

唱《侬本多情》时也爱开别人玩笑，对着歌迷说，“多情没有用，人家女仔已经结了婚的嘛”。

黎小田上台的时候，哥哥借他又故意对歌迷撒娇，“我讲国语，当着二万三千多观众来侮辱我？你他爸爸的”。说最后那几个字是一板一眼说的，看上去一本正经，但骨子里都笑到颤声，真是可爱极了。而黎小田深知他的个性，于是配合着回，“我爸爸在台下”。于是张国荣赶忙对着观众们挥挥手，“嗨，咖啡猫叔叔”。

值得注意的是在这场演唱会上，张国荣唱了由郑国江作词的新歌《爱慕》，然后是一首快歌——《黑色午夜》。他是顶不喜欢用旧的套路唱旧的歌曲给歌迷听的，力求每场都要创新，每场都要保持激情。

临别时分，张国荣手握麦克风难以道再见。台下观众一直在大声叫他的名，久久不曾停歇。这是首次他的个人跨年演唱会，钟声敲过12点，他给大家带来一首新歌，音乐声一响，很多红色的丝带和气球从舞台四周飞起，张国荣认真地说，“祝大家新年快乐”。特别的唱歌，温馨的气氛，使他又在想起那首《有谁共鸣》，并且还依据情境征求大家的意见直接改成“共鸣”，此时此刻，一种温情与不舍的感情在台上台下默默地暗涌、交织，最后的那个夜晚，他唱尽温柔。

说再见，只为让宠爱定格

台上的张国荣几乎是进入了忘我境界，把人完全融入歌声里去。他的风采在体育馆内，盖过了所有灯光，他的声音牵动每个人的心弦。总而言之，那是一个很享受的晚上。

——《香港周刊》

“浓情演唱会”后不久，张国荣从“华星唱片”跳至“新艺宝”。在新公司制作、推出的首张唱片《Summer Romance》获得巨大成功，令他更有国际范儿，更因此赢得饮料巨头百事可乐的关注，受邀为其产品代言，成为亚洲第一位百事可乐的代言人。这场在1988年巨星的演唱会，就是由百事进行冠名并赞助。

相较之前两场演唱会，“百事巨星演唱会”加入和渗透了诸多新元素，使舞台具备一定的戏剧感。最值得关注的是，张国荣首次在舞台上展现电影中的角色扮演，如以《胭脂扣》中的翩翩佳公子十二少的形象演绎《客途秋恨》和《胭脂扣》；以《倩女幽魂》里的宁采臣的书生扮相演唱《倩女幽魂》，再配合电影中的场景用演员、道具制造现场气氛，民国气质、古代传奇以及现代热舞，令整个现场变得更加多元化。而此并非这场演唱会的唯一特点，期间他以南音演绎《客途秋恨》，以黄梅小调演绎《访英台》，不但照顾到新歌迷的观看兴致，更是以一种寻根式的祭奠方式，为老一代歌迷追寻当年记忆，这场演唱会，因而渗透了香港本土文化的气息，不再只是单纯地仿日个人Show。

在这一场演唱会中，没有梅艳芳的身影，只因此时张国荣已是“新艺宝”的人。他有全新的演唱会嘉宾，同时这次演唱会亦是其首次发行现场专辑。

方形舞台，灯光璀璨，全场静候巨星风采。伴奏似由空中响起，清丽空灵，张国荣从台中的升降台缓缓露出身形，一束暗蓝色的追光打在他周身，似盛放在暗夜的明媚向日葵。待白光打在脸上，才看清他容颜，此时正清俊黝黑，未染风霜。一双清澈如水的眼睛，直击歌迷灵魂深处。第一首歌是《贴身》，极用力气，声调发音把握得极正。此时他正如清晨朝阳，青春靓丽，喷薄而出，以青春为武器，迅速拿下歌迷的心，像一只外出觅食的非洲狮，用它全身的力气征服全场。年轻是他此时唯一的武器，唱就用力唱，跳就用力跳，看就直击人心，笑就灿烂的笑……整个现场好似田径跑道，一会儿从中心飞到四周，一会儿绕四周一圈。他带着十足电力，发音是直的，表情是直的，任全身直来直去，赤裸裸地表达心内情意，真可谓活力四射。

眼下正当好年纪。其实他什么都不用做，就只是往台上一站，大家的目光全都围绕他转。他是天生的王者。

歌曲间奏，他于舞台正中随意摆出造型，常常，他不喜欢循规蹈矩，偏爱现场发挥，但一样叫人赏心悦目，不舍得将视线从他身上收回。忽然想起黄霑夸他是五百年才出的一个精灵，此时倒是相得益彰。

接下来是一首慢歌《无需要太多》，张国荣唱歌自有一番味道，最妙是尾音绕梁像是山谷里回荡出的新鲜回忆，一句句全敲打在心扉。因为他独特的男低音，山谷里的风带着旋律变作深沉婉转的表达，你就随着他发出的节奏一路荡到谷底，去挖掘另一种快乐。这也就是为什么别人唱得也不差，但喜欢张国荣的人自是非他不可。那种歌唱时的气质，那种能带你天空、谷底游历一遍的，世间也仅就他而已。仔细聆听，他的低音不是闷在葫芦里的，而是涤荡在天空之城，纯粹而干净，没有丝毫的杂质。所谓歌唱天才，也不过如此了吧。

《Hot Summer》自是一股热力四射。而为他伴舞的女郎们个个性感至极，十足挑逗，然而他最“坏”的地方就是身体已经暧昧，眼神依旧纯粹。这是他魅惑人的方式，百发百中，或说是独门绝技。此时的张国荣绝不可爱，却性感至极。他侧昂着头，眼神里透着一股爱理不理的不屑意味，有点痞，有点嚣张，要你看过去觉得他捉摸不定却又无法不关注。

踩着乐点，单手叉腰、双手舞动，双腿不断变幻姿势，或热情独舞或与身边性感女郎贴面激情，待所有招式都用尽，你方晓得：他还是穿黑色西服跳舞最帅的一个人。

《爱慕》歌词火辣性感，似一团炽热感情即要喷发。当唱到“达到疯癫程度”，张国荣有好几个精心设计过的动作：这一场，他猛一下180度弹起，手高高举过头顶，力度太大以至于衬衫背带当场挣脱。这是他渴望以肢体语言传达给各位歌迷的，热烈、灼灼，直至疯癫的爱慕。

接下来又是几首热辣动感的歌曲。《H_2O》前奏一响，一位帅哥带着十几个靓女舞台上张狂。他年轻的身体疯狂地扭动着，凌乱得像天边星辰，将本身所携带的坏男孩的气质尽数展现，倒也不怕别人受不起他这冰山一角。令人骄傲的是，这一场他穿着自己设计的服装，跳着自己编排的舞蹈，整个过程洋溢着上流的格调与风度，令人惊讶他真不愧是香港贵公子。看着他在台上那样激烈，像使出浑身力气与自我争斗，忽然懂得娱乐与艺术的差别，娱乐是人们可以对它谈笑风生，艺术却值得从心底尊敬。而张国荣，是一位真正的艺术家。

然而这一场，最难忘的还是他唱《客途秋恨》，唱《胭脂扣》。稳当当的男低音，伴随着那个年代的旧曲调，听来更加哀怨婉转，是比梅艳芳版本更直抵人心。真的没想到，张国荣唱《胭脂扣》那样撩人。更意外的是他唱《访英台》，此是中国传统戏剧，一般香港红星不会选用，可他偏偏一席书生打扮，仿凌波模样走起小碎步，随着他的唱腔，沿途风景一路变幻，河中鸳鸯成双，有情人心神荡漾。最可笑是他肢体活跃，极力表达男欢女爱的巧妙心思，看起来放松、有趣，令人啼笑不已。

此后又是经典的《风继续吹》《无心睡眠》《最爱》……或温柔，或热烈，他都全力爆发，力争完美。在最激烈的时刻，唱着歌拿起矿泉水瓶对准头顶，直线浇了下去，两手顺着发迹向后一拢，躯体大幅度后倾，猛一甩头，水珠四溅，看呆了整场的人，他倒是乐在其中。

1988 年的张国荣像一颗青涩胡桃，散发着清清淡淡的幽香。

1988 年的演唱会亦是轰动，成功在于节目过程紧凑，灯光时间准确，乐队甚有水准，舞蹈的编排较多花样。就连观众也是通力合作，热情应和的表现下是真心疼惜的本心。这么说来，这场演唱会不像一场商业演出，更似一回情感交流。他是主角，带动所有人热爱音乐，热爱人生。

1989 年，张国荣在音乐上获得了更多辉煌的成绩，包揽“IFPI 大碟奖”、“最受欢迎男歌手”、“叱咤乐坛男歌手金奖”等多项乐坛大奖，却在歌唱事业如日中天之际宣布告别歌坛。

这一年的香港红磡承受了太多的眼泪与辛酸，承载了太多歌迷对张国荣的留恋与不舍，封咪的那刻，所有人经历了一场痛彻心扉的分离。

在这场名为“告别”的演唱会里，他向许多前辈好友致敬，《当年情》送给台下一脸笑意的发哥；《风继续吹》唱到数度哽咽停顿；直到《风再起时》依依不舍阔别歌坛，将离别之情情愫至尽，牵动万千歌迷的心。

林夕曾说，莫不是亲眼所见，断然不懂《风继续吹》对他个人的意义和感情。这首歌是他大红之前特别看重的一首，却不料没能取得理想成绩。大概正是经历了这前前后后的落差，才更加珍惜这首歌，才更懂得身为一位明星，要懂得于大红的光芒中及时引退——没有别的意思，只想大家记住他，更长久一些。

因为要离别，所以心内不舍，才令眼中带泪。然而这又是他经过深思熟虑做下的决定。这泪便亦有理智的成分。但伤感之余，仍能感觉，当一万多人与他置身同一个空间，原本均是陌生此刻却又心意相通的情意。那一刻，他有不舍，更多是知足。所以每每完毕一首歌，总要对大家说“多谢”。

三十三场演唱会，他告别了整整一个月，也便“哭泣”（这里指内心哭泣，他真正流眼泪是最后一场在香港红磡）了整整一月，时间太久，用情太深，就有人站出来批他假。这种说法太可笑，倘若非要这样认为，那也只是因为他极真。你看，眼泪是会骗人的吗？最后一次站在大家面前唱歌，他落下眼泪，却也没有哭到机械，而是抑制不住时的自然流露，这一切，正是他心内的感受。

这场气氛独特、主题独特的告别演唱会，无需任何设计，就有足够的话题。从开场第一首歌直到最后一首，首首透露惜别的意味，劝歌迷珍重也劝自己宽心。从第一首就进入倒计时的整场演出，是为了不留遗憾而越发卖力，多少次挥汗如雨，镁光灯下看到的，依旧是那张真诚的脸。

这次告别，就真的只是以歌曲祭奠，没有过多话语。该说的，他那一对清澈眸子早已做好打算。

当他离去，眼神依旧不舍，只是明天，太阳依旧照常升起。

再归来，做一朵倔强的蔷薇

他穿考第耶设计的服饰，套套好看。顶级服装设计师的衣饰，不是人人都支撑得起的。有人看不惯他的长发披肩造型，我却认为这是一绝。看他的披肩长发，有时松散，有时束起，有时加上发饰，配上那几件服装，有时有印第安人狂野味道，有时有古埃及与印度王子的优雅风采，有时又似连载图中颇带风尘味的侠士。必须说，他这次的造型，颇有品味，尤其是烈焰焰满台红火那一场，他被风吹扬的散发，加上一身银红色的服饰，狂野奔放，有若浴火凤凰。

——张国荣艺术研究会

“再一次踏足红馆舞台的 Leslie，我们不能不承认，这位曾一度是无数年青人心目中至高无上的偶像男歌手，今时今日对比乐坛的后浪，他确实是‘老’练。但这种‘老’并未对演出构成任何影响，相反，Leslie 演绎歌唱时，唱腔比以前更为成熟老练，沧桑味亦淡淡而出。”《明报周刊》用这样一段话来形容他。

很感激1997年，他能再回来。他终于想明白，不应芥蒂外界看法而改变自己内心想走的路途。这次他很勇敢。因为他的这份勇敢，才有了1997年的跨越之约。

他仍旧爱开玩笑，许久不见，亲切不减，开场即迫不及待问好，是带着些许调侃意味的，“大家好！你们真是幸运能买到今晚的票。看一看反应怎么样？OK！我收到了。”紧接着，《今生今世》来了。

熟悉的前奏还在响着，他还继续调侃，“今晚我怎么样？闪不闪呀？还是不是靓仔呀？”——是的，以前那个快乐的天王，回来了。

演出在萨克斯风吹奏的《风继续吹》的旋律中开场，在选曲上，以连唱的形式将《恋爱交叉》《打开信箱》《蓝色忧郁》一起打包，意外的是，却没有过多涉及“新艺宝”时期的作品，如《共同渡过》《无心睡眠》等。

值得赞许的是，张国荣再次回归歌坛，是携带着影坛风采的，甚至，过去七年在影坛所取得成绩，是后来深受更多荣迷钟爱他的一个重要原因。此次演唱会上，《阿飞正传》《夜半歌声》《霸王别姬》和《色情男女》中的经典插曲也都悉数奉上，带领观众再次时空漫步。

与其他的歌手不同，听张国荣现场唱歌，绝对是一种千年难遇的极致享受。他的好嗓子是公认的，虽后来风格多有变幻，却也发挥得游刃有余。况且他的现场设计从不重复，每次都力求突破与创新，总能让人耳目一新。

回归的他是带着热忱的。

几首“华星”时期的劲歌金曲后，便颠覆世人感官体验，穿着睡袍潇洒演绎《偷情》。但见现场，一片漆黑之中，一双黑色的靴子映入眼帘，恍惚之间，又瞥见了他身上那件飘逸的睡裙。正疑惑着，忽见他怡然自得地慢慢躺下去，身后是一把做工考究的古董椅，——吓到，这是在拍文艺片吗？整个画面太具冲击力，已令人呼吸急促，似要窒息。却原来是要如此来演绎《偷情》，震惊之余再来品味其中的歌词，真真是明目张胆，个性张扬。况且他时不时抚弄胸前的梅花纹身，诱惑四起，转而露出一双美腿来一个华丽转身，到最后更是嚣张到直接宽去衣带，将健美且瓷感的肌肤裸露人前，耀武扬威，掠取全场目光。

于是我们从他的切实演绎中才领悟到：《偷情》是一种美，一种艺术的追求与熏陶。

如果说《偷情》裹着一股小清新，那么《红》则是完全的重口味，堪称一场魅惑。从他自身到伴舞，皆身穿闪亮服饰，足够迷离。伴着长长的前奏，一声低音，一束白光，一双红色高跟，一个媚态十足的张国荣，用实际行动再次突破自我，从视觉上给人以冲击，听着台下观众一阵高过一阵的欢呼声就能知道，他成功了。这一场华丽的蜕变，是向世界证明他在艺术造诣上可实现的另外一种可能，所谓的“男身女相”，在此刻开启。《红》整场都是他在灯光下俊美的侧脸，是歌曲旋律中他曼妙的身姿，与男舞伴朱 sir 对峙时的挑衅，回眸一笑更是百媚千娇。“红，像蔷薇任性的结局，红，像唇上滴血般怨毒，在晦暗里漆黑中那个美梦，从镜里看不到的一份阵痛，你像红尘掠过一样沉重”。一切又好似回到《霸王别姬》，程蝶衣对镜作妆，惊艳了坐在一旁的袁四爷，他说，“一笑万古春”，实在是情不自禁。

如一枝光洁的水仙，出色的涅磐重生，《红》得那样明媚，那样让人爱慕。

还记得他满含深情地唱着《月亮代表你的心》，是为感激母亲的发肤相授，感激挚友的倾囊相助，镁光灯下泪光点点，就连那个经典的玩笑，都说得如此真诚。“情到深处无怨尤”，那个夜晚都是带泪的微笑，恭喜他终于找回了自我！

喜欢这场演唱会上对《追》的演绎，整个过程有缓有急，有张有弛，使歌词、旋律都有了恰当的诠释。“这一生也在进取”，没错，歌唱的就是他的真实人生。这首歌，追的是轰轰烈烈、全心全意的爱与付出；追的是百折不挠、历尽艰苦仍然坚守最初的信仰；追的是对音乐的这份热爱，所以1989年告别之后，他又再回首。

有人说，“欣赏张国荣是一种能力”，他的这场1997跨年演唱会，不管是《偷情》的演绎，抑或《红》的大胆突破，确实是需要有一定艺术鉴赏能力的人，才可接受甚或理解。不求懂得，但若懂得，千万珍惜。我想，这亦是他从未更改的信念之一吧。

当年，没人能预料到，2000年的“热·情”演唱会，会是他的最后一次大型个唱，是他真正的舞台告别。

很多该有的歌都选了，比如第一次个唱的开场曲《第一次》，比如成名作《风继续吹》，比如成为街曲的《Monica》，比如参加亚视歌唱比赛时的选曲《American Pie》。张国荣曾在这次演唱会中说，“年长一些的朋友会说这是Don McLean的American Pie，而年轻一些的朋友会说这是Madonna的American Pie，而中间的人则会说，这当然是张国荣的American Pie”。

为了突出“热·情”演唱会的特色，张国荣特别邀请来自法国的时装大师 Jean-Paul Gaultier 担任服装设计，其长发短裙的前卫造型设计，既应和这次演唱会的主题，也赋予这次演出以特别的视觉冲击。

演唱会形象的设计意念是“从天使到魔鬼”，开场的纯白色羽毛象征天使的化身，随着时间的流逝，转变为身穿古董贝壳裙的人间美少年，接着是一位拉丁情人穿着金色西装翩翩而来，最后是一袭银红色服装的魔鬼化身。

这场演出，完全出于一场个人化的表演，不同于其他歌手的演唱会，这是他在向世人展示一个赤裸裸的真我。

演唱会一开场就是气势恢宏的，宽广的舞台设计，精致奇幻的灯光效果，张国荣裹着纱笼从半空缓缓坠落。隐隐约约看到的，是那一身白色的象征着天使颜色的羽翼，形象是不完整的，但熟悉的声音让人们安心，知道这必定是他。

由天使化作魔鬼的过程不是一蹴而就的，而需要一个循序渐进的过程。最开始天使与上帝出现冲突，变得貌合神离，到渐行渐远，到边缘化，到下半场天使在爱情与性别中的残酷挣扎，最终彻底遗弃上帝，化为魔鬼，甚至杀死上帝，从此掌握自我的人生。要展示出这个过程，需要舞台、服饰、灯光、演唱曲目等多方位的配合，稍有一处不慎，就会使整个演出效果大打折扣。但张国荣面面俱到，每个布局都掌控在手。

当然，整场让人最感到意外和震撼的是，他会以一身白色浴袍的形式，演唱那首珍贵的《我》——想必整个华语乐坛再没有如此大胆的人了。众所周知，浴袍乃居家服饰，不适合出现在这样隆重的场合，但他偏偏用王者一般的气质、健美的形体将它演绎成了另外一种风情。仍然，这是一首赤裸裸的告白。通过这样一个演唱会的形式，张国荣告诉世人说，他是自己的上帝，不需别人操控，他爱这样的自己，他要自己活在坚定的信仰中，哪怕为此沦为沙漠里唯一的蔷薇。

人生短暂，快乐与否，完全当由自己做主，他负责燃烧自我，绽放自我，纵然时光有限，也定要做到绚丽多姿。

面对他的极致努力，突然想到这样一句，“他有这样的容貌，根本不必有这样的才华。他有这样的才华，根本不必有这样的容貌”。

对于大众而言，整场演唱会颠覆点太多：颠覆以往大众对于演唱会的审美认知；颠覆演唱者只能扮“靓”的惯性认识；颠覆大众对演唱会的惯有欣赏方式，渗透更多元素的呈现形式；颠覆大众对一个艺人的固定认知；颠覆大众充满娱乐的心情，要求大家在他的带领下深刻参透艺术的美，参透人性……有这么多场颠覆，这场演唱会注定饱受争议。

在个别媒体的别有用心下，世界顶级大师根据张国荣气质为其设计的几套精美服饰，他不顾劳累的全情投入被形容为“长发”，“露底”，“妖风”，“鬼影”……直接导致 Jean-Paul Gaultier 对香港人的印象变坏，宣布今后不再为香港艺人设计服装。精心设计、拼力呈现的演唱会，热情未散却受到这种污蔑，他愤怒到极点。然而双重疲惫下，他还是继续坚持开演唱会，尽量以饱满的姿态面对观众，对媒体依旧姿态强硬，俨然要做那个真实的自我，如歌中那孤独耿直的一朵蔷薇。

时间是检验真理的唯一标准。任外界媒体如何糟蹋，历史终还他以公平。

“热·情”演唱会在海外巡回演出时一致获得高度评价，张国荣随后决定在2001年4月于香港加开“压轴篇”，媒体一改之前的态度，纷纷登报评价其演唱会深具“国际视野”，大众舆论纷纷赞好。

直到今时今日，在万千歌迷心内，再无任何明星的任何个唱，能够与之媲美。

如一缕风，吹散了眉间愁云

> 人要讲有没有志气、有没有人格，那不是金钱可以加分的，哀莫大于人格破产。
>
> ——张国荣

因为在由丽的电视台举办的亚洲歌唱比赛获得亚军，张国荣顺利进入演艺圈。十年后，香港无线电视台（TVB）成立，与丽的逐渐形成分庭抗礼的局面。由于和无线的对抗刚刚开始，丽的需要制造一些电视剧和综艺节目来撑门面。张国荣年轻英俊，自然成为公司的首要选择。

由此，也开始他早期在演艺方面的尝试，拍摄的作品有《屋檐下之十五十六》《爱情故事之十九岁》以及《岁月河山之我家的女人》。只是，他在电视剧中却并不多以主角的身份出现，也没有机会演唱主题曲。

刚入行的新人总是要学会耐心等待机遇的。后来，他终于为一部自己未曾参演的电视剧《追族》演唱了同名主题曲，并将其收录在销量成绩很不理想的第一张粤语专辑《情人箭》中，虽然他没能在剧中担任任何角色，但看电视剧演员的阵容：冯宝宝、欧阳佩珊等都是当时香港一线的电视明星，也可想见丽的对其有多重视。值得一提的是，为张国荣写这首主题曲的人，正是后来与之亦师亦友的黎小田。

电视剧本身有料，主题曲又是在音乐界享有盛誉的大亨亲自操刀，按说应当很顺利就能将张国荣这位新人推出去，但受制于他当时的“公鸭嗓”“鸡仔声”，这首歌的传唱度并不高。

紧接着，张国荣参与电视长剧《鳄鱼泪》的拍摄，取得了巨大的成功，更成为香港文化发展历史上浓墨重彩的一笔。但较为可惜的是，这部剧的同名主题曲的演唱者并不是他。

在丽的电视这段时间，张国荣演唱了很多主题曲，但收录在其第一张粤语专辑《情人箭》中的五首歌皆为别人所唱，自己并未参与拍摄。直到《浣花洗剑录》，在这部剧里他不但担任主演，更包揽了同名主题曲，加上这部剧反响不错，算是被很多人接受和认可，但依旧没能真正走红。

演艺圈是难熬的。艺人们个个精神压力很大，因为你不知道自己到底会不会红、多久可以红。面对激烈竞争的残酷环境，你亦只能赌上汗水与青春。而此时的张国荣，已在丽的平庸地熬了几年，他身份卑微，恰也是在这种境况下看透了这个圈里的人情冷暖。

上天对真正用心刻苦的人，总不会一直苛刻。终于，一首名为“本色演唱”的影视主题曲，让他的演艺事业有了转机。也可以说他的影视生涯从此走入商业电影时期。

在当时，尽管张国荣已不算是籍籍无名的小辈，但相对那些早已在演艺界叱咤风云的“前辈”，还是差了一截。以陈百强为主力，他与钟保罗三人组成白衣飘飘三剑客，一同拍摄了《喝采》《失业生》，皆票房大卖。由于陈百强人红气势旺，不但电影主题歌是他的，张国荣还要被迫出演他不愿接拍的那些裸露激情戏，这让他内心很是低落。最后终于在《失业生》的电影发布会上公开表示，此后再不会与陈百强合作。

在电影《鼓手》中，张国荣光芒万丈，不但亲自演唱了三首主题曲《默默向上游》《我要逆风去》和《人生的鼓手》，更将当下最真实地自己坦然放到观众眼前。正如歌中所唱到的，“像怒海中的小孤舟，冷雨凄风继续有……”，这是他当时境况的真实写照，特别要提到的是那首《默默向上游》，张国荣本人是很珍爱它的，在后来举行的86、88演唱会上都有现场演唱。

为何对这首如此珍爱？就因为他代表当时的心声。影片中的陈子洋为了练习打鼓，内心坚定不移，而当时张国荣的生活也是极其不乐观，感情上受骗，事业上又是空窗期，这首歌可算精确地描绘了他此时心境。可喜的是，面对困境他虽有愁绪却心态乐观，“我愿那苦痛变力量，默默忍泪向上游”，这是他后来之所以能够大红的一个原因。

虽未成名，但张国荣的演戏天分已经呼之欲出，《烈火青春》正是他演技得到社会肯定的一部作品，而电影主题曲《流浪》的演唱，又令他备受关注。

这首主题曲表达的是对远方的追寻与向往，但这个远方只是一个模糊的概念而不是一个具体什么地方。想要流浪也只是逃避现实的一种寄托，并没有实质性的目的，片中的主角Louis的确是年轻而又充满迷茫，内心极度缺乏安全感，他的一生沦陷在阴郁、孤独的气氛中，任何一场近乎疯狂的男欢女爱都不足以撩动心弦——此所谓当时香港社会所流传的“垮掉的一代”，因贴合现实生活，故给观众留下了难以磨灭的深刻印象。也许因为Louis

的主角设定与张国荣自身非常相像，辛酸卑微的童年经历使张国荣很巧妙地演活了这个角色，更因此入围第二届金像奖的最佳男主角，这是他的第一次入围。

到此时，张国荣在电影歌曲歌唱方面早已强过早期许多，但可惜的是，当时他与宝丽多解约多时，尚未找到新的唱片公司，以至于这些优秀作品未能以唱片的形式呈现观众面前。

1983 年，张国荣结识陈淑芬后加入华星唱片，并在此重遇恩师黎小田，从此开始走上了更为盛大辉煌的舞台。这一年，他与邓志玉合作，演唱了电影《杨过与小龙女》的片中曲《愿能比翼飞》。

1984 年，因单曲《Monica》火爆香江，直接导致电影《缘分》中由张曼玉饰演的角色改名为“Monica”，在这部电影里，张国荣亦如“鼓手三部曲”，包揽了三首歌曲，分别是《缘份》《一盏小明灯》以及《全身都是爱》，其中以与梅艳芳合唱的《缘份》最为经典。

电影讲述了一个多角恋的故事，ANITA 喜欢 PAUL，PAUL 钟意 MONICA。缘分是在追逐中得来的，最后一场地铁游戏：MONICA先搭地铁离开，离开前说，“我都不会离开地铁，你来找我，找到就是有缘，这辈子就和你一起”，十分钟后哥哥下来了，全靠之后赶来的 ANITA 给了一张地铁月票，这才成功地守住了自己的恋情。

第一次登上红磡以及梅艳芳的“极梦幻”演唱会上，他们都合唱了这首《缘分》，任时光流转，物是人非，只有哥哥与梅姑的感情永恒不变，最后就连离开也是相携而去，让人为之感慨震撼。

透过这部电影，可以看到张国荣自 1984 年到 1987 年所饰演的角色性质，因当时他正青春年少，周身散发活力，因此所饰演的角色大多是可爱、帅气的阳光男孩，没有太大的发挥空间。

1985年张国荣主演了电影《为你钟情》，此时他在歌坛已然大红大紫，故电影宣传挂的名头是“张国荣为你钟情”，这部电影阵容强大且专为他一人造势，于他个人来说，相当具有纪念意义。而片中从头到尾都是他的歌曲：一开场舞厅里放的就是《不羁的风》，DJ白金龙先生大跳劲舞；白金龙和朋友讨论勾女秘技，录音机里放的是《Monica》；出门到餐厅吃饭和女友拍拖逛街放得都是《第一次》；在喷水池边玩耍响起的是《柔情蜜意》；恋爱失败唱的是《痴心的我》；片尾大party上放的是《为你钟情》；终场歌曲是《心中情》……这分明就是一部个人音乐电影嘛，但在香港那些年，电影里的场景丝毫并未夸张，不论人们出现在哪个角落，听到的一定会是他的歌曲。

1986年，张国荣拍了《英雄本色》，因为这部电影，黄百鸣在他的书《新艺城神话》里用“风起云涌”来形容这一年。此片一出，包揽香港几十年大电影评选，也由此开启了黑帮片在香港的领导地位，影响了一代又一代黑帮电影。

永远都记得周润发版的小马哥，长衣挟风潇洒不羁，吃饭时爱叼着牙签，卷起假钞点烟，嚣张到极点，亦能在江湖地位没落后蓬头垢面为人擦车混饭，气愤到极点、有骨气到极点，对敌人说出那句，“别再用枪指着我的头”！——英雄就是这样的，如此贴切地表演，还让人挑剔什么呢。

英雄本色，讲的就是大丈夫在失意落魄时的不卑不亢，讲的就是兄弟之间那种患难与共、不离不弃。然而事实上，拍和演这部电影的英雄们，当年却是各个不如意：40岁的吴宇森此前只能拍些不着边际的喜剧片糊口；40 岁的狄龙因业绩不佳被公司辞退；而 31 岁的周润发正处在个人事业的最低谷。

待这部电影横空出世，每个人都大放异彩，香港的夜晚竟如电影中所说的，原来是这般的美！“拥着你，当初温馨再涌现心里边，童年稚气梦未污染。今日我，与你又试肩并肩，当年情，此刻是添上新鲜”，试看歌里人生，不正是当年他们几人的峥嵘岁月？

因《英雄本色》的空前成功，原班人马后来又拍摄了《英雄本色 2》，当然，这部电影的主题曲也是由张国荣演唱。吴宇森因对张国荣未能凭第一部获得香港电影金像奖和金马奖最佳男主角提名而感到耿耿于怀。在他看来，张国荣是个十足的好演员，不能单纯的因为阿杰这个角色不讨好，就失去竞逐机会。因此，在续集里他刻意重改阿杰的性格，好扭转观众对张国荣本身的坏印象。此番心血换回的是张国荣凭此片获得提名最佳男主角，虽最终未能获奖，但已然得到大家的认同。

续集中，张国荣所饰演的阿杰惨死在电话亭，接着《奔向未来的日子》音乐响起，十分恰当地烘托出电影所欲表达的情感，令人眼泪一下夺眶而出。最后这一组卧倒的镜头，不知打动了多少屏幕前的男女。

这一年，除了《英雄本色》，张国荣还主演了《倩女幽魂》，正是这其中书生宁采臣一角的出彩发挥，留给几代人一段关于人鬼相恋的江湖回忆。为了演好这个角色，张国荣在片场时刻待命，某个镜头他若自己感到不满意就要求导演多拍一次，在又是烟雾又是干冰的制造现场，有次甚至眼睛都被熏出了红点和痱子，除此之外还要淋雨和泡水，那段日子他除了拍戏就是上医院，很多辛苦但从未有过埋怨。

凭借扎实的演技与吃苦耐劳的毅力，这部电影掀起古装鬼片拍摄热潮，并且在日本、韩国等多地放映，广受好评。

同名主题歌《倩女幽魂》，张国荣以完美的男低音演绎，声音浑厚低沉，颇有江湖气息，且词作方面由音乐才子黄霑亲自操刀，功力可见一斑。更况有午马老先生演唱的一首《道》，铿锵有力，震慑人心。如今午马老先生于2014新年伊始仙去，更让这首歌成为香港乐坛上永恒的经典之作。而这首“人生路，美梦似路长……”结合中西乐器演奏的旋律总会让看过电影的人浮想联翩：仿若再次置身兰若寺，再次看到宁采臣与聂小倩的爱情故事。

这首歌虽没能在第七届香港电影金像奖上获得最佳电影歌曲奖，却虽败犹荣，因为获奖的正是片中插曲，由叶倩文演唱的《黎明不要来》。

要记得的，始终都会记得

> 我是有野心的，我最大的心愿不是拿最佳导演奖，而是拿最佳影片奖，因为那表示我令到team work完美，而不只是一个人好。
>
> ——张国荣

这时期，张国荣签了新的唱片公司——新艺宝，而电影转投新艺城，唱片公司自不必多说，现在只需着重介绍下电影公司新艺城。新艺城影业有限公司香港制片机构是1980年9月，由麦嘉、黄百鸣、石天联合创办的，从1980年到1990年整整火了十年，最辉煌时风头盖过了邵氏和嘉禾，可谓香港电影的一个传奇。

1987年，张国荣与梅艳芳合作拍摄了电影《胭脂扣》。小说是李碧华写的，一个痴情妓女和一个少年公子的爱情故事。

但在关锦鹏的解读下，如花并非一般青楼女子，十二少也不是寻常富贵公子，他们的故事便变成了一个出挑的、耐人寻味的爱情故事。关锦鹏将李碧华小说里所描绘的故事结构，拆分成两个时代故事的平行对话。通过生活在现代的一对年轻男女，引出旧时代如花与十二少的动人爱情，使观众在欣赏这部电影时能够同时获得来自两个年代、两对恋人、两个故事的视听冲击，使故事不容易落入无趣。

剧中如花与十二少的所有互动，都是充满了细腻的温情，连同如花请人出钱摸大腿的场景，都在说明这不是一个关乎情欲的电影。而结局则是标准的“关锦鹏”式：他既没有让他们心满意足地厮守在一起，亦没有叫他们互生恨意，冤冤相报何时了。而是如花的魂魄最终寻得真相，找到苟且偷生却已风烛残年的十二少，亲手将当年的定情信物放回到他的手中，淡然地说一句，“谢谢你记得我，这个胭脂盒我挂了五十三年，现在还给你，我不再等了”。随即转身离去。这一切正是“誓言幻作烟云字”，不得不说，同名主题曲《胭脂扣》很清晰完美地展现了电影所想表达的一切，伤吗？不伤。悔吗？不悔。但就是有一种淡淡的哀怨说不出口，对如花无法说出自私，对十二少无法全然去恨，这就是歌曲和电影所想要呈现出的复杂感受。

值得一提的是，没想到1988年演唱会，张国荣一身贵公子扮相第一次现场演绎这首原由梅艳芳主唱的《胭脂扣》，即获得阵阵喝彩。那种细腻婉转的表达方式，深沉有味的男性嗓音，是比梅艳芳更能突出这首歌的意境。

1990 年注定是张国荣演艺生涯最为辉煌的一年。这一年，他接拍了《阿飞正传》。后来我们就知道，因为阿飞这个角色的完美诠释，他终获影帝。可惜当时人已退出歌坛隐居加拿大，未能亲自上台领奖——遗憾啊，毕生遗憾，谁又能预料尽管后十多年他拍摄了很多有水准的电影，却再没一部获得影帝。

上天在冥冥之中，到底没能把他最想要的东西给他。

“我听别人说这世界上有一种鸟是没有脚的，它只能够一直的飞呀飞呀，累了就在风里面睡觉，这种鸟一辈子只能下地一次，那一次就是它死亡的时候。”这句台词，从那个有些不屑有些疲倦的人的口中说出，遂成经典。旭仔一生执着于亲生母亲的抛弃和背叛，从此更不再信爱，开心的时候以“一分钟”为限逗乐一个苏丽珍，换回她的甘愿终生相陪却又狠心悄然离去；之后又与梁凤英耳鬓厮磨却在对方爱到深处时突然销声匿迹。因他对感情没有安全感，所以对待爱他的人也便如此。纵然懂得一个个都是真心，却始终难逃命运对他的安排。这么多年，没有亲生母亲的消息，旭仔终日困在阴郁的情绪中。直到有一天，养母再也无法忍受，将生母的一切告诉了他。

从此，他就踏上了寻找的路，一去不复返。

在接近生母居住的房子那一刻，他才是真的死心和难过——那个辛苦怀孕又生下他的女人始终没有给他温暖回应，于是他也只好原路返回，身体一扭一扭地快走，倔强到头都不肯回。

之后，他就死在了绿皮火车上。那一刻他终于知道，原来这世界上根本没有那么一只名叫无脚的鸟。

要是他不死，会不会真的爱上一个女人呢？没人清楚。更重要的是旭仔确实死在了动荡的车厢里，他再没机会爱上任何一个女人。

看完这部电影，眼前浮现的总是张国荣拿着牙刷对着镜子在屋中来回跳舞的姿态。他那么自由，那么轻松，原本不该背负如此沉重的人生。

这部电影的主题曲是由梅艳芳演唱的粤语版的《是这样的》，后来待他复出歌坛才又特意为此追加了一首国语版的《何去何从之阿飞正传》，收录于专辑《宠爱》中。

1989 年，张国荣在法国拍摄了他的第二部音乐电影《日落巴黎》，第一部音乐电影名为《惊情》，拍摄于 1985 年，讲述的是香港青年 Leslie 拾到一件神奇的旧西装，穿梭时空来到 30 年代的上海邂逅少女小蝶，彼此相恋却最终因战争分手的故事。影片结尾是 Leslie 回到 80 年代的香港，邂逅酷似小蝶的少女，彼此相知、相恋、相守并最终发现其是小蝶女儿的故事……影片全长四十多分钟，大部分时间都在诠释歌曲，因此是一部名副其实的"音乐"电影。而这部《日落巴黎》则更加成熟，因此时张国荣已有多部电影拍摄的经验，他本人对导演这个行当亦是兴趣颇浓，最终在他的努力下，影片在减少歌曲放映量且淡化歌手个人的程度上，成功突出了电影的原本特质。

作为亲自导演的一部作品，《日落巴黎》共计收录了张国荣的八首歌，分别是《别话》《想你》《偏心》《无需要太多》《烈火灯蛾》《情感的刺》《最爱》《由零开始》，歌曲在片中放映的次序也极大地体现出电影的故事情节发展，讲述的是男主角 Leslie 在去法国深造时与一位邂逅的流浪画师相爱，却惨遭未婚妻设计拆散，最终真相大白，Leslie 独自离去。"恨事遗留始终不朽，千金一笑潇洒依旧，对对错错千般恩怨像湖水吹皱，曾被爱过痛过的我，曾被爱过痛过的你，原为了要我与你遇见再度分开……”歌中唱尽 Leslie 的情感困惑。

这部电影还美在场景。巴黎是法国乃至全世界有名的浪漫之都，风景秀美，空气怡人。影片中最多出现的镜头就是著名的埃菲尔铁塔。这样浪漫的恋爱之地，想要描述一个浪漫揪心的爱情故事，那真是太相得益彰。

饰演女主角的正是当时红极一时的钟楚红，她优美得体的扮相，也是电影值得一看的重要原因。这样的音乐电影在当时无疑是一种全新的挑战与尝试，对喜爱张国荣和红姑的影迷来说，亦是不可多得的珍贵。

看《纵横四海》的时候，看到阿占、钵仔糕与红豆开着红色法拉利在巴黎街道上随性奔驰，自有一番四海纵横的感受。快乐、灿烂，这才是好朋友在一起的状态。那时候的张国荣、周润发以及钟楚红，都太年轻，笑容明亮，风姿飞扬，而我看时却忍不住想哭。

如今，钟楚红早已息影嫁人，张国荣更是辞别人世，就只有一个发哥还活跃在荧屏。时间啊，流水般迅疾，一个恍惚，就是物非人非。

虽然仍是两个好友爱上同个女孩的故事，但他们因为从小即在一起相伴长大，因而面对爱情没有争吵与纠纷，正因如此才越发衬托这份友情的纯真。

这部齐集三位巨星完美合作的电影，原本只是吴宇森拍来帮助自己走出《喋血街头》票房失利的开心果，却没料到这部电影在当年取得了非常好的成绩。多少年过去，那样完美的合作再也不会有，唯有长留记忆中的这部《纵横四海》，时不时安慰那些喜爱他们的人的心。

电影的主题曲即是张国荣很喜欢的《风继续吹》，这样的名字用在这样一部格调明媚的电影中，真得好合适。多想让这温暖的风继续吹，吹散漫天的阴霾，吹散眉头的愁云，吹的人们忘记张国荣早已离开这个世界的伤痛，将美好永存心中。

《家有喜事》中最后大家都在KTV的桥段，原本黄百鸣点名要张国荣饰演的常舒唱歌，但他却因角色刚刚转换为男声拒绝了，于是换作周星驰饰演的常欢上台。巧妙的是，星爷上台一招一式明显都在模仿张国荣——因为星爷不擅长唱歌，拍摄时所有动作都是在张国荣的指导下完成的。也罢，就当是张国荣当时告别歌坛后又再为我们献歌了吧。

张国荣一路默默争上游，始终尝试突破自我。之前的电影主题曲皆由他演唱，而接下来他还要自己作词作曲。比如《蓝江传之反飞组风云》的主题曲《如果你知我苦衷》，就是由他一手作曲。

这部电影合作的女演员是周慧敏，其在片中扮演的是白荣飞的女友梁小敏，她黑发朱唇，明眸皓齿，俨然一个真正的公主。其实张国荣与周慧敏此次并非第一次合作，早先她曾是某届他的颁奖嘉宾。不拍戏时，俩人相谈甚欢，他便答应为她写一首歌，对此，她感到惊喜但也不敢放在心里，毕竟他是圈内公认的大忙人。没有想到，拍摄结束不久，张国荣果然为她写了首歌，这份感动令她动容。直到他去世十周年时周慧敏再说起这段往事，眼眶仍是瞬间湿润，思念之情溢于言表。

《如果你知我苦衷》虽是轻易的一个答应，却亦是一个沉重的承诺，张国荣并没有随意去创作，如果你听过，就知道这首歌具备诸多优点：旋律婉转动人且没有太多难度，完全是为周慧敏量身订做。

1993年，也是机缘到了。张国荣加入《霸王别姬》剧组，接拍日后为众人津津乐道的花旦程蝶衣一角。这个过程充满了辛酸、坎坷，除了他本人思想上的转变外，更似有上天有意在帮他塑造这样一个角色。

影片中的程蝶衣自被母亲送入戏班，到处都是陌生的环境与漫天的嘲笑，握住他冰冷的手、温暖他凉透的心的人，只有一个师兄小石头。电影展示了很多他们相好的细节：小石头冬天跪在院子里受罚，温暖的有炉火的房子里小豆子透过窗户静悄悄地望着，待他一进去马上拉过被子替他裹起；睡觉时他们赤身紧紧依偎着彼此，仿若天地间这是唯一的依靠；小石头知道豆子不想学戏硬是偷着胆子放走了他，仿若那么小的人儿竟能明白——若真关心一个人，就还他自由；再回来的小豆子总是唱错戏词，为了不让他因错误而被师傅责罚，石头忍痛找了个烟斗使劲戳他嘴巴，他嘴里流血他心里流泪，皇天不负苦心人，小豆子终于唱对了。从此他不唱《夜奔》唱《思凡》。

这样好感情的哥俩，对待彼此自然都是真心。但渐渐的，蝶衣从行动到心理都开始发生角色的转换。他扮青衣，唱女腔，学女形，时间久了，自己的社会角色也随之改变。此时的段小楼，对他来说已不是关系分明的师兄弟，而是可以长长久久在一起的生死对象。他每次都为他那么精细地画眉，从他闭起的眉目里猜测情意；他每次站在台上与他唱这段戏，眉目里都是真正的虞姬；他不愿美好的幻想为现实打破，直到出现一个名叫菊仙的妓女。

第一次，会因为爱一个人而去恨另外一人。对菊仙，他心里充满了排斥和怨恨，更有可怜的一片嫉妒，他那样孤傲的一个人，也会在心底承认失败么?

然而段小楼是清醒的。人生与戏，他分得格外清楚。面对那个尚且懂得师兄师弟礼仪分寸的程蝶衣，他是满心的呵护与心疼，但面对那个人戏不分妄要同生共死的程蝶衣，他有些不解甚至是厌烦。

在那个动荡的年代，人比吸入体内的气体更轻更没有分量。活在今天永远也确定不了明天将会发生什么，甚至不能确定下一秒。所以当叱咤风云的袁四爷惨死，当经历人生挫折阅历甚广的菊仙自杀，人们的眼神里丝毫没有怀疑。可那又是一个充满了无限可能的年代。程蝶衣与段小楼，默契地搭档了许多年。虽未能在一起一辈子，却将这份感情保留到骨子里。难过的是，他们都不能掌握自己的命运，就像一杆无辜的旗子，思想和身体都随风飘荡风中。

可不论多么艰难的世事，这世上总还有人坚持着他的自我。一如段小楼，懂得局势发展变化，在文革批斗时做了胆小鬼，否认对菊仙的爱，供出程蝶衣曾给日本人唱堂会的事实以求自保；一如程蝶衣死心塌地地坚持唱戏，坚持真理，坚持搞艺术，他的心里没有种族国籍之分，只因日本人爱他的戏懂他的戏，他就愿意唱给他听。

但那一刻他内心是痛的。他爱京剧也爱师哥，可眼下时事混乱京剧如临大敌，而他的师哥彻底在人前背叛了他，甚至那个他一直很嫉妒的他所爱的女人，在他眼里竟都是一文不值。他怎么是这样的人，怎么可以!?

那一刻，他开始为菊仙心痛。因此当她死去，他没有抢夺情人胜利的那种快感，而是凄惨地大叫一声冲进房间去抱她已冰冷的脚。

一切都变了。那么，一切也就该结束了吧？

经历了这么多的变化，经历了辉煌，经历了颓败，得到，失去，失去，又得到。反反复复的人生历程里，他累了，真的累了。但还是想和他一起再登台唱上一段《霸王别姬》。在那最后一次的拔剑中，他兀自换了把真的。就是当初他很喜欢的那把，他曾付出宝贵的自己才为他争取到。剑出鞘的那一刻，他没有犹豫，轻轻地朝着脖子划下去——现在好了，在自杀这件事上，他终于做了自己的主人。

这次，虞姬真的先霸王而去。空旷的舞台上，就只剩下了霸王，唱着一曲不知何种调调的剧。

所有的爱恨情仇，到最后，不过一场生死别离。

而如今的人世里，虞姬走了，程蝶衣走了，张国荣也走了。

戏里戏外，真真假假，可是，结果都是一样的了。

这样深刻耐人寻味的故事，插曲一定不简单。果然，林忆莲与李宗盛合唱的《当爱已成往事》拿过来，被张国荣低沉性感的嗓音重新演绎，直叫人心碎成了渣。“往事不要再提，人生已多风雨”、“有一天你会知道，人生没有我并不会不同”以及“忘了我就没有痛，将往事留在风中”……轻缓，低沉，怎么可能忘得了他？怎么可能人生没有痛？

看这部电影是第一次听到这首歌，当时真的以为这是张国荣的歌，他就是有这样的能耐，一般歌曲都是为歌手量身打造的，很难适合除本人以外的人演绎，但张国荣是个奇迹，不管谁的歌到他的手上，都能演绎出专属他自己的味道来。

在一些香港电影里，张国荣亦唱了很多粤语歌。比如《花田喜事》和《东成西就》两部，最喜欢他唱的《求神》，“求神，求神，诚心礼佛来求灵神。同哥哥你三生有幸，求哥哥你成为情人。”这段香港经典的粤剧片段，被他以一种沉稳、醇厚的嗓音重新演绎，即等于重塑它的生命，不同于以往人们印象中的唱法，这种听起来耳朵里满满的都是温暖，真乃阳春白雪。何况当时他已封咪三年，在各种公共场合俱不献唱，猛然在电影中与这把好嗓重逢，光是感动就已情绪上头。《东成西就》那段从舞蹈动作到唱词对白的双人戏，可谓经典十足。而《双飞燕》果真是有情天，心互羡。

再想到不过十年，《双飞燕》变成孤燕飘零，再不见那个穿蓝衣风流潇洒的年轻黄药师，再看2014年春晚梁家辉与陈慧琳跳探戈，顿有时空错乱之感，心不由得想，上一次他跳舞的搭档还是那个笑起来很阳光灿烂的张国荣呢！

除了以上常被视为张国荣影视经典的作品，尚有《白发魔女传》，片中《红颜白发》这首歌也是他首度尝试电影歌曲的创作之作。《白发魔女传（2）》之《忘掉你像忘掉我》，这首歌是由王菲演唱的，虽不是他但也同他没两样，林夕曾说，王菲与张国荣都是很自我很有个性的人，他们都很懂得自己想要怎样的表达，想要怎样的演绎效果。所以说，王菲代张国荣演绎这首歌，也是绝对的合适；《金枝玉叶（1）》与《金枝玉叶（2）》中的所有张国荣的歌曲，在这两部电影中他的音乐作品皆是重头戏。

借用角色，张国荣在《金枝玉叶（1）》透过顾家明唱了完整的《今生今世》与《追》，甚至后一首演绎了三次，每次都有不一样的感觉。“这一生也在进取”，想必封咪多年不登台献唱的张国荣，内心是很依恋音乐的。在《金枝玉叶（2）》中，这种美好得以完整地延续下来，依旧透过顾家明音乐创作人的身份，为影片谱写了《有心人》，“寂寞也挥发着余香，原来情动正是这样”……这首歌不仅旋律动人，亦极衬片中的情调，当方艳梅独坐于钢琴前轻轻弹唱，影中人的妩媚征服了一切。同年，凭借这首歌，张国荣第三次在香港电影金像奖和台湾电影金马奖上入围最佳原创电影歌曲奖。——至此，他简直成了全能型人才，做歌手，不但是最受欢迎歌手且是全年销量冠军；做演员，得到了最佳男主角和全年票房冠军；作曲，作品多次入选流行金曲大奖；现在创作电影主题歌，又拿到最佳原创电影歌曲奖。纵观整个香港，能有这样才华的，唯有张国荣一人。

这么优秀，却从未想要停止。他还想当导演，并一直为此默默努力。

在个人演艺生涯的巅峰时间，张国荣还拍了很多喜剧片，如《大富之家》《锦绣前程》《金玉满堂》等，都有不俗的电影歌曲创作表现。这里就不一一赘述。另要特别提到的是，电影《东邪西毒》里虽无影视歌曲，但这部电影对张国荣的意义，却是有目共睹，他将一个孤独的西毒欧阳锋塑造成永恒的经典，提醒我们别忘记“要记得的，始终都会记得。”

——记得他的所有这些经典之作，记得他在演唱会上的巨星风采，记得他毕生的心愿和信仰以及，他这个人。

一个纵身，让蝴蝶随了风

人生在世，我只有一个做人宗旨：不要害人！如果做到家人朋友和工作伙伴都珍惜自己，已经很不错。

——张国荣

不愿提及这张专辑。发行在他去世之后的专辑，没有他的亲自操刀与参与，一切只顶了他的名字，更因为，“遗作”两字，太令人黯然神伤。

这张专辑包含他生前灌录的7首作品。这是一张万众期待但最终却令人倍感失落的专辑。失落，是因为听到专辑内哥哥疲惫的声音时的心疼；是因为心内知道以后再无机会听到他的新专辑；而失落，亦是因为环球赶工做出来的这张唱片，在包装、歌词本等诸多方面，仍是存在许多缺憾。全部且唯一的安慰就是，唱片内哥哥那久违的温暖声线。

第一首歌曲《千娇百美》依然是非常得力的创作班底，合作这么多年，林夕早已懂得他最想要的表达。旋律绮丽，林夕不遗余力将歌词打扮得异常娇媚。

主打歌为《玻璃之情》，张国荣作曲，林夕填词，讲述了一份脆若玻璃的爱情。《玻璃之情》有种脆弱的美，“从前我会使你快乐，现在却最多叫你寂寞”，整个格调苍凉内敛。他的声音犹如湖中泛起的涟漪，透过空气散发出轻盈滋味，一如附在耳边低声言语。而令人心寒的是，这首歌依旧被很多人因为“玻璃”一词拿来在性取向上做文章。其实，林夕只是将恋情的易碎比喻成玻璃。

《红蝴蝶》意境悠远，通篇写了大片的红，交织着痛疼到极致的红色鲜血，构成一幅动人心魄的画卷。在用词上亦是干净凌厉，“余孽”“熄灭”“恨断义绝”……透着歌中人奋不顾身誓要斩断情丝的决绝姿态。张国荣在录音室内灌录这首歌曲之时，恐怕怎么也不会想到，这首《红蝴蝶》，竟会一语成谶，预言了他的命运。

更有《蝶变》的磊落不羁，《随心》的看破红尘，《我知你好》的浓浓深情以及《敢爱》的洒脱不羁。

另有国语版的《我》。想当初张国荣因为对一部法国电影《假凤虚凰》印象深刻，这才与林夕共同缔造了这首音乐传奇。

录制这张唱片时，他的抑郁症已经相当严重。虽然这些歌词凸显了他的内心情感，但并不等于这是他生前最后一段时间的状态，急坠的碎玻璃、泣血的红蝴蝶，张国荣原本不是这样的。他在感情方面保持着高度的敏感，但对待生活一向积极，纵然罹患抑郁，依旧春风满面，平常亦是积极配合医生进行治疗。人常说，“情深不寿，慧极必伤”，果真是如张国荣这般满含智慧与深情且极度追求完美主义，才让他变得心力憔悴了吗?

没想到的是，2003 年的 4 月 1 日，他还是走了那一步，收起人间所有的努力，纵身一跃而下。就当他是脱离苦海了吧，想到抑郁对他的种种折磨，活着已然成为磨难。

但光辉并没有随着他的离去而湮灭，反而引来更多的人怀念与追思，要是他还在这个人世呢——没有什么能比他还在这个人世更令荣迷兴奋和感激的了。

传奇只能以传奇的方式落幕，留下我们这些凡人，仰望，缅怀，送上由衷却脆弱的祝福。

他生前总嫌自己诸般欠妥，但此刻真想告诉他，你已经做得非常好非常好了，多点时间犒劳自己，多给自己一些快乐。现在，他走了，再也不用那么残酷地苛求自己。倘若他还在，我们肯定还会研究他最近会出演什么电影，又有什么风格的唱片发行，关注他有没有做慈善，面对歌迷的时候都说了、做了什么——站在光环下，他收获了许多幸福，却也承载了常人难以想象的艰辛。

人们爱他，所以无形中对他提出了各种要求。他是聪明人，所以他都懂。大概也是这样，才让他生前对自己丝毫不肯松懈，做积极严格的要求。但极端尽头竟是折磨，他终于病倒了。病中却还努力保持上进，想要时刻做到最棒的自己。

累啊，想想就很累。行程很满的他还想要圆自己的导演梦。偷心偷心，原来电影早已偷了他的心。但凡可以自控，他决然不会纵容自己跳下去的，那么高，记得他说怕高的，况且这世上还有令他心驰神往的东西。

消息一爆出来，大家都不相信。可竟是真的。

这件事发生之前，几乎无人注意抑郁症这三个字。但他走之后，全世界恍然大悟，像第一次知道这种病的存在，对照医生说的那些，对照张国荣生前最后一段时间的所有行为，我们忽然明白，他已经在重症折磨之下，苦苦支撑一年多了。

很久之前，他的工作就没那么密集和“积极”了。出事的前一年，没有新唱片，没有拍电影，没有演唱会。最后与黄耀明合出的专辑，制作方常常找不到他。这不是他的作风，除非有事，除非有事。但他瞒着所有人，只说身体有所不适，他以为这不是什么大病，最多就是不开心几天。结果这几天断断续续变成几个星期，几个月，乃至一年。那阵子，他的情绪极度波动，周遭朋友、家人甚至是唐先生，都受到严重影响。

形势恶劣，有人开始造谣，这是因为张国荣拍完《异度空间》撞了邪。翻看他最后一段时间的行程，发现关乎其个人的活动是那样少。大部分的时间都在帮助圈内好友、提携后辈，像一场无声又圆满的告别。像故意，又像无心。

“今年的护苗基金大型慈善之夜，已定于四月十二日举行。哥哥张国荣率先响应捐出十万元。去年他庆祝生日当天，已叮嘱到场嘉宾不要送礼改送现金，然后全数捐给护苗基金。东方日报，二零零三年三月十二日。”

——这是生前的香港关于他的最后一则新闻。

尼采说：“一切文学，余爱以血书者。”而他留给这世间最后的姿态，是以鲜血来铺洒、浸润了的艺术。

是的，一切艺术，我最爱以血书之。

那个清澈的孩子，一失去一辈子

我是个极度追求完美的人。

——张国荣

既然名字如此，我想，这部《夜半歌声》想来更适合深夜观赏。

这部电影翻拍自同名民国老电影《夜半歌声》，而民国这部又是翻拍自经典的音乐剧《歌剧魅影》，可谓传承经典。

这是一部讲歌剧的电影，因此在拍摄效果上很有歌剧特有的那种画面感，随着音乐响起，电影拉开了序幕，旋律舒缓而忧伤，精致的铜像、自来水笔、乐谱……一一呈现在观众面前。接着，从韦青和剧团的朋友们引出了电影的主人公宋丹平。然而，当他们谈论这些的时候，辉煌一时的剧院早已破败不堪，物是人非。故事就从这一幢残败的歌剧院里，开始了。

同名主题歌《夜半歌声》不同于张国荣任何时期的作品，原来按照他自己的理解，“宋丹平是个很前卫的音乐家，不适合编作一些中国调的歌曲糊弄，而需要带少许外国舞台剧的音乐，在唱腔上采用歌剧式的唱腔。”哦！原来我们的张先生还懂这些，而且这样的专业。配合歌曲演绎，他在剧中穿着华美的戏服，热情投入地塑造罗密欧这一形象，将与朱丽叶的真挚感情表演到丝丝入扣，扣人心弦。

值得回味的是那首《一辈子失去了你》，可惜当时没有预见，谁能知道这首歌最后经由张国荣创作出来，最后又被大家哭着唱给他自己？纵然我们从没真实的出现在他的生活里，但打开电视，他有那么多的唱片，那么多经典的电影，不知不觉中早已与我们融成一体，所以勉强算是一种小小的得到吧！然而还没有抱得久一点就失去了，一辈子的失去——“甜蜜往事，段段回忆……只能在梦中寻找和回味！”……

没有了。电影里宋丹平尚且能够颤抖着唇齿唱一句“让爱永相陪”，可现实里他与我们，却是再也不能永相陪了，也好，“活在你心内，分开也像同度过。”——别忘了他也曾这样说。

演到最后，他终于突破心理障碍勇敢地拥抱了爱情。这结局是好的，我们都对这个结局感到满意。

——再也不是带着一种伤感遗憾地在深夜一遍遍唱着“只有在，和你才能，敞开灵魂，去拥抱天真”，但是真的好想念，想念那个坚定的张国荣，那个活着的张国荣。

继续张国荣的影视之旅，在一些电影，诸如《大三元》《风云》《新上海滩》……等中，张国荣虽都未有唱歌，但有一部电影却不得不提，那就是《春光乍泄》。

这是一个“醉时同交欢，醒时各分散”的故事，这是一个“越爱越伤，越想靠近越要分离”的故事，但故事的两个主人公伤过、痛过，嫉妒过，最后他们都想“不如从头来过”。

犹记得何宝荣与黎耀辉贴身在厨房热舞，舒缓的音乐背后是两人密切的阵阵心事，他也试图挽留，像个顽皮地孩子故意藏起他的护照，然而终于分崩离析，剩他一人蜷缩着身体在沙发垂泪到天明。而那一头，那个心爱的人独自完成甜蜜的约定，在瀑布边冷冷地念他的名。

张国荣所饰演的何宝荣是极其任性热爱自由的，为了这个，他甚至可以为所欲为伤透恋人的心，但我们竟对这样一个自私的角色恨不起来，反而是满满的心疼。一切都因为他真实的像个孩子，一个清澈、单纯的孩子。

也是从这部电影，人们发掘到张国荣内心深处的又一潜在的机能。但他合适这个角色真的不是因为现实的那段感情。从他对黎耀辉召之即来挥之即去的相处之道里，难道不能看出一丝绝望的留恋？

他的最后一部音乐电影，《左右情缘》，与上一次的《日落巴黎》似有十年之约。他似乎对异乡浪漫国都发生的浪漫爱情充满热爱与向往。这部电影所讲述的故事亦是如此，故事的发生点依旧是浪漫之都巴黎。故事的重心依旧是邂逅一位流浪画家，看上去这两者之间似有许多共通之处，但经过十年锤炼，他早已不是

1989 年的张国荣。

这一次他眼中的巴黎，更多的是生活在巴黎这座城市的各色人群，街道上的风景，每个人脸上的神情而不再只简单的冠以繁华的表征。这才是一个有血有肉的巴黎，这才是真正的活色生香的浪漫爱情。但发生在这个城市里的情爱并没有多惊心动魄，而有一种润物细无声的默默潜入，在你为剧情吸引的同时，又不必太过悸动。

这部电影共计收录张国荣六首新歌：《同道中人》《左右手》《春夏秋冬》《心跳呼吸正常》《小明星》和《陪你倒数》。电影的最后写着一行字，“世纪末将到，尽快找心爱的人，陪你倒数。——张国荣”，醍醐灌顶，触目惊心。

——如果左手与右手必须要我有个抉择，失去右手的激情与惊喜，将会更加珍惜左手带来的诸多感动。

《烟飞烟灭》中除了前文提到过的、张国荣本人演唱的《没有烟总有花》，还有一首来自莫文蔚的《吸烟不吸烟》，莫文蔚慵懒的声线听起来的确似烟似雾，意境迷离。

他的最后一部电影——《异度空间》，以前所未有的姿态成功塑造了一名心理医生。2003 年 4 月 1 日悲剧发生后，大量媒体拿他演绎的这部电影做噱头，说他之所以选择走绝路只因过度沉迷影片角色最终得了抑郁。

这是一种污蔑！

张国荣对待角色向来十分投入自不必说，然而他绝对没有必要入戏到现实生活里。如果真的是这样，那他拍完宁采臣生活里怎么没有整天一副书生模样？演完西毒欧阳锋也没见他为了规避伤害就到处去拒绝别人？……以上的说法真是可笑至极。

但他终于化作喋血的红蝴蝶，消失于明媚春季。

只能说是冥冥之中的一种注定吧，太完美的人，上苍都会妒忌。也可能是出于爱，上帝不忍他最爱的孩子继续在人间受累，所以就擅作主张把他带走了。从此，人间徒留一地忧伤，留下四季的泪水与千万里的呼唤与追随。

“你离开了，却散落四周。”然而回首与我们共同度过的温柔岁月，只要再看一眼他的神采，再听一遍他的深情，我们也总相信，他始终都在场，春光依旧明媚。

第四辑　纪念，愿你已放下，常驻光明中

十几年来，我都活在负债的状态中，总是欠欠欠，欠这个那个歌手的歌词。多庆幸这次没有。在张国荣最后一张专辑的灌录过程中，分给我的词，我都写完了。从 1995 年他复出开始，我替他打造了大量不同风格的歌词，飞扬、娇媚、忧郁、沉溺、喜悦、悲伤，转眼 8 年，至此画上了句号。

——林夕

49 首歌，唱褪了蝴蝶颜色

"你觉得哥哥唱得怎么样?"

"举重若轻。"

——当年《追》获香港金像奖最佳电影主题曲，林夕答记者问

2009 年 3 月 30 日，在《禁色的蝴蝶：张国荣的艺术形象》新书发布会上，林夕谈到了这部书的主人公，张国荣。他说，"我计算过原来共有 49 首，当然有更多歌手超过这个数字，但这 49 首都能像黄金的成色一样达到 999，却是很难得的。"的确，细数林夕为张国荣所写之歌，乱花丛中信手摘来皆是词中佳品，飞扬、缠绵、妖媚、忧郁、沉溺、喜悦、悲伤，无一不是其词作之上乘。这想必也有张国荣自身的因素在，若不是他超强的驾驭和创造力，想这番合作也是平庸至极。

林夕遇到张国荣，是在 1987 年的那首《妄想》，彼时林夕写

词还达不到现今的成熟内敛，张国荣的歌唱风格亦是不够强烈。第一次合作，时间并不长久，只因张国荣1989年突然宣布告别歌坛，再遇到林夕，已是1995年。能够再度合作，是林夕难以想到的事，多年以后他在接受采访时曾说，当初那首《妄想》真是写的好烂，不明白张国荣为什么会找他填词。但正是有了这次的再度合作，林夕为他写出无数获奖金曲，更鼎力包揽他多张专辑的几乎全部词作，《我》《红》《陪你倒数》《梦到内河》……这些或妖媚、或喜悦、或纠缠的歌曲，才得以经典地呈现在大家面前。

分析林夕为张国荣所写的词，很难没有这样一个疑问：为什么这些词如此地贴合他整个人的气质和性格？为何经过张国荣演绎出来如此的天衣无缝，甚至是极大地增强了他在舞台上的王者风范？那么词是林夕写的，他又是如何了解到张国荣心底深处最需要的这些东西？

不得不承认，词作者与歌者在进行一首歌曲的创作时，是可以紧密到合为一体的。林夕与张国荣亦是在长久的磨合与反复的修改、尝试中，达到了这般神话境界。在这种近乎于感情撕裂的思想斗争中，林夕终于在1988年为张国荣写下第一首佳作——《无需要太多》，虽然相较林夕后期的作品，这首词作实在姿色平平，但他仍然对它珍爱有加，甚至放入自传中，留有一席之地。

还有一首不得不提的歌——《侧面》：“你清楚我吗你懂得我吗，你有否窥看思想的背面和你每天如情侣相见，说爱说天偏偏讲得太浅”，强烈而直白的像是站在对面谴责一群什么人，这样的质问多少带些霸道成分，而分析那时候的张国荣，确实红日中天，免不了有些居心不良的媒体策划些居心不良的消息，这首歌刚好合适唱给他们听！这样强烈而直接的方式倒是让我联想起娱乐圈里的另外一位歌手——周杰伦。记得他曾有首歌名叫《四面楚歌》，歌词是这样写的，“我在回家路上看到路标指着演艺圈，如果选择往前走我就必须强壮，走着走着莫名其妙冲出来好几只，心想我什么时候认养这么多只狗，他们咬着苹果手里拿着长镜头好像要对着我诉说什么阴谋，会说话的狗他说他是为了狗周刊，看能不能拍我多换几根骨头”……如此的简单粗暴，观众一听就知道在讽刺娱乐圈的狗仔队。当然，两者相较，还是张国荣《侧面》版更大方霸道一些。

林夕后期的词作之所以能够轻易打动人心，实在是因为他在创作的过程中渐渐地明白“单以情写词是远远不够的，情词之所以蛊惑人心，不是因为华丽的辞藻，而是因为把握了微妙的人际心里关系。表面风平浪静、暗地里波谲云诡存在于每一种可能的关系中，并不单以情词独尊。”而这种创作调式，恰巧也是张国荣所认同的。

很难将林夕在1995年后为张国荣创作的词作分门别类，因同一首歌既有悲伤又有喜悦，情感成分十分地微小、细密、复杂，如果硬去总结，反而容易生乱。但因为张国荣的个人气质和特色亦很明显，所以这些歌有了专属于他的气质形色。如《红》《偷情》一类有些暧昧有些情色上的魅惑描写，应属于暧昧地界与情爱拉锯；如《陪你倒数》《梦到内河》一类渗有末世情节世界似要明日毁灭，应属于末世情结与欲孽渊薮；如《洁身自爱》《玻璃之情》带着水仙子的自恋气息，应属于对镜自怜的萍水挽歌；如《怨男》《寂寞有害》带着一股另类的怨愤，应属于另类的“怨毒”，而更复有带着个人传奇宣言的，则是永远的《我》……

风格多变，先找几首属于“对镜自怜的萍水挽歌”简单分析，比如《洁身自爱》。

对镜自怜容易让人想到水仙，以及那个古老的希望神话。翻阅很多分析张国荣性格的书籍，几乎都会发现水仙子三字。而众所周知，林夕的感情亦是犹如站在绝望之深渊。他那绵延数十载的独爱一人不得自由的爱情经历，痛到深处情感分裂成两个极端，一边劝慰自己放手一边又继续追逐；一边享受一边泪流。经历过太多次的望而不得，情感中的一部分便会自动出来寻找或安慰自我，别忘记追逐爱情的人除了爱情本身很诱人亦是希望自己能够获得快乐，于是当外界不能给予他内心渴望的感情，就容易变得对镜自怜。

这样一个人给另外一个此类状况的人写歌，除了完美契合还会出现第二种结果吗？张国荣身上几乎一半的魅力，恰恰来自于这种对镜自怜的脆弱性。面对闪耀之明星，人们很容易把对方想得高高在上，而正是这种脆弱性拉近了他们彼此之间的距离，明星一旦脆弱，便让普通人觉得他亦是很普通，不管取得多大的成就，仍然会痛、会哭，会有各种各样的烦心事。而这种情况下，迷恋他的普通人自会发觉偶像的亲切与宽容——没有谁会轻易拒绝一个亲切的人，尤其他还是位闪耀的明星。

因此，当他用颤抖的声音唱出“做孤雏只得洁身自爱”的婉转而又阴柔的歌，一个偶像脆弱的形象更加深入人心，加之听众还有各种移情作用，张国荣本身又很投入，想不被打动到泪流满面也是很难的了。

2013 年是张国荣去世十周年纪念，很多杂志都专门留出版面写满关于他的文字。有几篇凡提到林夕，总不外乎“感激有歌把心境道破”抑或“他不认识我却是最了解我的人”的感慨言辞。

但真正能够洞察其写词用心以及背后含义的人，罕见之至。

林夕自己讲说，他为张国荣写词都在很开放的状态，运用很开放的思想。简单来说，就是跨性别，跨经验。

写歌是为了什么？表达自我，引起观众的共鸣。然而林夕的笔下，几乎一片盛世花开，迷情末世。我们大多数普通人于俗世中苟活，很难有这种极致癫狂、极致错乱的精神感受，自然难以理解这其中的境况。

折花人，惜花者。林夕以世间情爱为起点，描绘出的是盛大背景下的社会文明结构中的支离破碎。对情爱，明知一场镜花水月，却仍要带着一丝怨愤飞蛾扑火。他们要就要这一世的干脆，却从不许那空泛又无耻的来生。眼下，只有一个脚踏的世界可叫人处置，人生也只一个眼前的自己可供打理。他们也不信今生会有什么救世主，完好无损的世界结构也许明日就将分崩离析，在末日来临之前个体是自己唯一的英雄。

为什么林夕抓人心要写很多情歌？因为爱欲是人性的出发点和归属点，几乎人性其他各个点都可以通过爱欲得到呈现和反馈。不同的人对待爱情会有不同的手段与姿态，有的人自恋，有的人卑微，有的人胆怯，有的人渴望操控别人……几乎是从这些行色各异的爱情姿态里，人们了解到一个人的内心深处。可以说，一个人对爱情所持的态度，几乎直接而准确地反映出这个人的人格底线。

你要相信，我们眼前所看到的世界，远远不美好于心中对它的构想。通过听歌、唱歌与崇拜偶像，很多人在一定程度上弥补了自我的感情缺失。现实世界的确不够完美，上帝也不常常可爱甚至都不存在，人们唯有通过审美、通过追求偶像，才满足自我内心的强烈需求。那些喜欢和热爱张国荣的人，有谁敢说，他不是你们心中完美自己的模样？通过对一个人的欣赏与眷恋，你付出了感情和真心，同样亦收获了宽慰与满足。在偶像身上找到希望，找到光辉的种子，无论怎样都是件值得高兴的事。

而这种对镜自怜犹如水仙的娇媚姿态，本身关乎性别的议题并不值得在此多谈。纵然两人合作了那么多带有同性色彩的歌，却也都不是为了替同志发声，一切的立足点只是“美”。在还没有与爱情发生关系时，艺术便是不分性别的。只不过恰巧他们二人都做了世界眼中的“异类”，所以机缘巧合之下体会到与众不同的男男之情。但稍有学识的人就会懂得，在爱情的世界里，完全可以不分性别。看张国荣唱《怨男》时的魅惑姿态，只觉得是“美”而不是别扭抑或其他，其根本缘由就是他那种特质来自于内心深处而不是表象的角色扮演。当他对镜自怜，那镜子里的美感早已凌驾于其性别之上，只能说那些反复纠结于性别的人，实在眼光太过肤浅。

有时，将他们两个放在一起慢慢比较，思想会越来越丰盛，一个有趣的现象是，当你想到张国荣时很快便能想到林夕，但想到林夕时张国荣只是他的一个分支。林夕太复杂，他身上融合了儒、释、道、近代、当代等多家思想，要琢磨他不是一件容易的事。但尽管如此，倘若没有1995年的复出决定，倘若张国荣没有邀请林夕再次合作，那么，华语流行歌坛将会留下怎样的遗憾，我们谁也无法想象。

珠联璧合，锦上添花，是我所能想到的用来形容他们彼此默契的最普通的词汇。而事实上，那种电光火石般的情感碰撞，文字是无法表达出的。

失去张国荣，林夕是不完整的。至少我认为林夕有一部分的才华，已经随着张国荣的离去而顿灭。怎么说呢，千言万语还是那一句吧，他的转身是一个时代的结束。

林夕的音乐是有魅力的，魅力无穷。作为间接的倾听者，我们尚且能从那些词汇里听出许多悲歌，何况他是这传奇的直接缔造者？有时，歌里的那些伤口好了又裂，裂了又划割，血肉模糊的人们不忍直视，然仍是甘愿深深地陷入他所描绘的一切关乎情感的意境中，陶醉也好，自恋也好，就任情绪借着艺术的幻境腾空而起，而不去在乎是否能够平安落地。

试想一下，创作这些感情作品的林夕，他又需要多少气力？

虽有着同样的感情体验，虽能参透世事到达艺术巅峰，但他们二人在对待现实世界的行为方式上，却千差万别。林夕可以用各种世界观去平衡，与世界达成妥协，为自己腾出一个平安地带，安稳度日，只要生活还能欣赏甚至容忍他的艺术存在，他就有继续的勇气。但张国荣在这点上，完全不同。他睥睨世界，傲视全群，重视真实，追求完美。

——这本来就是一个拥有诸多残缺的世界，又岂会完美呢？

有很多思想可供他选择，去逃避别做一个永恒的强者。但他都没选择。于是，他失去了一个弱者才能拥有的幸运。

我不敢说那些勇于追求自我的人有多坚强，但相比之下，你我苟活于世到今时今日，绝对是以一种不断向这世界妥协的唯一方式。

所以，如果没有张国荣，没有他这些年的坚持，相信不会有这样经典的49首歌。它们超越主流、非主流，情歌、非情歌对音乐的规划与界定，而成为独树一帜的声色艺术。香港未来的音乐流向会是如何，我们不得而知。但唯一肯定的是将不会再有另一个张国荣。他犹如一匹倔强的天马，不顾沿途险阻，倾其所有亦要绽放所有的华彩，这种比艺术天赋本身更加重要的天赋，前无古人，后无来者。

一个转身，黯淡了半个世界

> 我和林夕两个人创作出这首歌，其实是我们的用意就是说：上帝生每一个人出来，都应该平等的。无论他们是黑人也好，白人也好，黄种人也好。有些人钟意猫，有些人钟意狗……但我觉得有的人就会钟意特别点的人，这样他们才会觉得开心。如果是这样的话，为什么我们不可以成全他们呢？每个人都有自由，去选择自己的生活。
>
> ——张国荣

张国荣去世后，林夕陷入悲伤。回忆起这位昔日的黄金搭档加真心老友，他无限感慨地自问道，“我忽然很内疚，写下了那么多勾引听众眼泪的歌词，究竟对这个世界有什么意义？”

回到二十年前，他们刚刚初识的那天。年轻的林夕走到张国荣面前时，还是一个带着许多羞涩的年轻人。不敢正眼看他的眉目，不敢大声说话，彼时他已是红透香江的大明星，而他虽也有少量作品问世，却还不是名声在外。但他们还是成了好朋友，慢慢相熟相信任，在一起搭档好多年。现在的林夕说，要他回忆当时张国荣为何选择跟他做这些他也不懂得，相交这样好或许只能解释成“缘分”。

回首第二次合作，因为写了《无需要太多》，在倪震的引荐下去到张国荣当时位于浅水湾的家中做客。初登门，眼中望见的，俱是豪华并优雅之风采，那样的格调很衬他的明星风采。林夕感到有些紧张，手心里出汗。但出乎意料的，张国荣一脸亲切，俩人在客厅中谈话，他总有微笑，讲话没有一点架子，也不设任何防线，甚至一些在林夕看来十分私密的话题，也都悉数分享。这让林夕感到震撼，他觉得这位大明星真是平易近人，真正把自己当成了一个朋友来对待。

这很让他感动。

这样毫不设防、坦露心声的场合，张国荣一生有很多。正是这种有悖于身份高贵的亲切感，令林夕与他一见如故。

那一晚，林夕透过张国荣对房间、家具的挑选、摆设，揣测出他是一个怎样的人。看房子装饰得这样精致，家具摆放又如此地讲究，他忽然就懂得那句，“什么样的人有什么样的心”。

说实话，他内心深处是喜欢这类人的。这种人很清楚自己想要什么，他似乎亦是这样的人，因此笃定他们在一起合作，一定非常合拍。

果然，从《无需要太多》这首歌开始，林夕一步步助力张国荣登上歌者巅峰，而张国荣亦将林夕骨子里的那种独一无二的气质，挖掘、展现出来。

但好景不长，仅仅短暂的几首歌后，张国荣便于 1989 年宣布从此退出歌坛。这个消息使林夕感到难过。他自己讲说，并不是少了一个歌手合作影响了版税、金曲，而是原本那个可以很好地与自己擦出火花的人，就这么决定“消失”。歌者与词作者的关系，好比蝴蝶与其翅膀，花朵与蜜蜂。试想，一朵开得正艳的花，如果没有蜜蜂再来采蜜，生命之意义也就随之凋零。

那种惋惜，林夕大概最为清楚、彻底。

在那场告别演唱会后，林夕泪如雨下，张国荣看到他哭，对他说要哭就哭吧。林夕趁机问，你为什么一定要做这么残酷的决定？都不考虑自己和歌迷的感受——他这是在替他惋惜。

但他们终究注定是一生一世的好朋友。也许今生注定缘分尚不该绝，在1995年张国荣宣布复出后，林夕这位老朋友终于再一次被邀请参与唱片制作。

那一刻，不清楚林夕心内的第一感觉是什么，激动，对上苍充满感激，兴奋……想必都有的吧，也许从1989年到1995年这些年，林夕是一直希望好朋友可以早点复出的吧！那年，苍天不负有心人，他真的等到。

林夕说，张国荣是造物主的光荣。在他复出之后，林夕与他的合作就像搭上顺风车，一路火花四射、灵光不断，共同创作出一首首经典。诸如《红》，诸如《怪你过分美丽》，诸如《左右手》……林夕形容，他为张国荣写词的时候就感觉完全像是为自己，每次都能有高潮，而他们之间也甚少谈论每首歌具体要写什么，几乎都是一气呵成。比较例外的，只有《红》和《我》，这两歌都是林夕按照张国荣描述他想要的形象与感觉进行创作的。就是这样一种感觉，作为词作界的泰斗，林夕合作了太多歌手，但对张国荣，他始终惊讶茫茫人海竟有一人与自己的生命有如此契合，这也是为什么每次想起张国荣，他会觉得灵魂有回应，生命并不孤单。

说到《我》，其实是张国荣简单地向林夕提起一部法国电影

《假凤虚凰》，使林夕灵感大发，很快创作了这首歌。可是为什么他们二人之间能有如此惊人的默契？

林夕写了那么多情歌，总感觉他是一个世事洞明却喜欢将心事藏在心底的人。可当他回忆起有关自己和张国荣的一切，眼神里分明充满了异样的光彩。对张国荣喜欢送好朋友东西这件事，林夕认为如果这些身外之物可以让别人高兴，算是一件最低成本的善事。于是，在张国荣很随意地送过他一盏灯、一支表、一个牙签盒后，他也学着他的样子，把自己的东西转赠给身边的朋友。

“对象化为灰，往事却并不如烟”，在他心里最珍贵的，还是为他写下的那些歌词，从张国荣走后，他视为他留给他这个好友最珍贵的礼物。

林夕眼中的张国荣，张国荣眼中的自己，到底是什么样的？他最初萌生写《我》这样一首歌，有是怀抱如何的心思？时光荏苒，物是人非，种种情思散落风中早已无从追忆。只有看那些他的朋友眼中，他的样子。

陈少宝、黄耀明眼中的张国荣：

2002 年 4 月 1 日，陈少宝安排还欠自己一张唱片的张国荣与旗下另一歌手黄耀明进行合作。由于制作进程紧张，陈少宝形容当时的场景就像所有人疯了一样，整个录音棚气氛压抑、低靡，但他还不知道，此时的张国荣精神状态极差的背后，有着怎样惊心动魄的缘由。由于情绪的低落，身体的不适，最后的录制工作进行的异常艰难，张国荣一边录一边生病，而他向来追求完美，这种情况下精神高度紧张，导致唱片出来的效果不太好，让陈少宝很是失望。监制想办法弥补，“可以剪，一段一段修一下”。就这样唱片勉强算是制作完成，等待两位歌手还有一场记者发布会。然而张国荣的身体状况实在糟糕，所以只勉强参加了一场，像他那么追求完美的人，唱片封面上与黄耀明的照片，也不得不让技术人员采用技巧合成。

黄耀明在回忆这有着纪念性价值的第一次合作时，脸上十分平静，录歌时张国荣虽是一位天皇巨星却仍然征求他的意见，让他感觉哥哥是一个很尊重别人的人。后来加上林夕，三人又在一起合作《夜有所梦》，当时张国荣已为失眠所扰整日精神都很不好，他和林夕想要尽量帮助他缓解抑郁，却最终没能成功，这让他们感到失落。

陈淑芬眼中的张国荣：

如果回忆他这样一个多年的金牌好友，我想陈淑芬最难忘的记忆不是他演电影得金马影帝，不是他唱歌得“劲歌金曲”大奖，而是他罹患病痛饱受抑郁症折磨。张国荣一直很重视身体的健康问题，因此最初心情不好时他并没有太在意，直到出现手振、失眠、出冷汗这些症状，他才跑去看医生，经过一系列完整的检查，医生告诉他身体没有任何问题，肝脏等重要器官也都很健康地工作着。这结果让他感到疑惑。

既然身体没有问题，那会不会别的什么原因？陈淑芬联想到了2000年“热·情”演唱会后，张国荣因为媒体的打压、讽刺与诬蔑而承受了太多心理压力，因此猜测正是这次事故，对他的情绪造成了恶劣的影响。他那样高贵和富于艺术创造力的人，其实本质上是一个心思特别单纯细腻的人，又怎会想到如何完美地应对媒体的无礼挑衅？一场精心策划的具备时尚前瞻性的表演，就此被诬蔑他又如何承受得住？

林燕妮眼中的张国荣：

张国荣是以绝代风姿倒映于水中的水仙。他自恋但不懂得如何保护自己，身处环境如此复杂的娱乐圈性情依然那么纯真。他虽是演员，但不会作假，自始至终活得好真。

李碧华眼中的张国荣：

《胭脂扣》是李碧华为张国荣和梅艳芳量身打造的一个剧本，本子写好那天她就说，如花非梅艳芳不能演，十二少非张国荣不能行，曾坚持到“如果不是她和他演，情愿这戏胎死腹中”的地步。后来，电影拍完，金马奖梅艳芳获得提名，张国荣没有，李碧华为此感到叹息，为他打抱不平，觉是“最生不逢时”。她以为，演戏方面，有发仔（周润发）；唱歌方面又有阿伦（谭咏麟）。面对媒体经常拿这两件事调侃或提问，他也只好勉强自己在众人面前保持风度，但其实内心非常难过和压抑，这是上天对他的不公正。

倪震眼中的张国荣：

1989 年张国荣宣布推出歌坛，而倪震得到这个消息已是他引退三月之后，消息得到证实不由令他为之一震！他形容自己当时的感受是，“呆了之后是惋惜，惋惜之后是向往”——向往他那种肯在最光华辉煌时刻抽身引退，而留下一个最漂亮坚毅的背影给自己曾最钟爱的舞台和万千歌迷。问这世上谁不眷恋名利？但张国荣说再见就再见，干脆、决绝，不带半点犹豫，所以他永远是人群中最独特、闪光的一个。

他是那么优雅，那么大气，那么独树一格。倪震很疑惑为什么这样优秀的人却是捱了七八年才走红呢？他有相貌，有艺术天赋也肯努力，实在不应该的。面对外界虽有傲气却丝毫没有明星的架子，这是他的可敬之处。最难得的是，人到三十仍有一双年轻人才有的明亮眸子。

曾有一天二人聊天，倪震问张国荣，可否趁着他要退休的空当为他写一篇访问。张国荣建议道，最近访问实在是多，你不如写一篇稿子谈谈对我的印象。倪震欣然应允。也是在这篇稿子里，倪震反复突出和描写了这两个字，“优雅”。

在歌唱事业如日中天时能够坦然宣布退出，本身就需要莫大的勇气。重看他的33场告别演唱会，每场都是那么从容，优雅。穷人的日子他也是有过的，但是大红以后并没一分暴发户的味道，真的很难得。

黄霑眼中的张国荣：

黄霑说，这一世能够认识并做张国荣的朋友，他是真的好幸运。“平日他我行我素，昂首阔步，敢为天下先，胆大到人人叹服；而大胆的同时，亦体察入微，每件事的细节，从不轻轻放过。”是他对他的最真实评价。

他承认他是港台歌手最有特色的一位：“低音浑厚，共鸣又好，圆圆厚厚，入耳舒服，有似陈年干邑，醇醇地流入咽喉，暖洋洋而又带着几分诱惑。”在张国荣所有演唱的歌曲里，他最钟意《奔向未来日子》，嗓音里透着一种含蓄的沧桑，全部歌手也只有他一人可以拿捏得当。

梁朝伟眼中的张国荣：

在《云妮钟情》制作的悼念哥哥的节目中，梁朝伟说，“这十年我时而会想起他，他还经常在我梦里出现，如果你心里面有这个人，他去了哪里又有什么关系。”

因为一同出演《春光乍泄》，很多荣迷对梁朝伟的感情是很复杂的。在戏中，黎耀辉一直都是何宝荣的贴身保护人，他们是一对恋人，身体、心灵都曾那么亲密。所以现实中，很多荣迷会对梁朝伟产生一定的情感依赖，觉得他与张国荣现实中一定是莫逆之交。确实，他们是的。然而一种特殊的情感产生了，当张国荣离去后，人们对梁朝伟寄予更深的期待与关注，总觉得他身上有着张国荣的体温或是影子。

于是，一个戏剧性的场景出现了，在纪念张国荣去世十周年的演唱会上，梁朝伟现身的那一刻，全场的荣迷沸腾了，大声喊着他的名字。他没有唱歌，可是让人们回忆起他们曾在布宜诺斯艾利斯某个出租房的厨房里贴面相拥跳舞的样子，想起黎耀辉是怎样爱护何宝荣，而何宝荣在失去黎耀辉后怎样将自己蜷缩在沙发里，狠命地抽泣。

此时此刻，坐在台上的梁朝伟也老了，脸上是挡不住的沧桑，张国荣离开十年，而他说，“不如我们从头来过。”

那一刻，时光恍惚，仿若现实中离开的“何宝荣”真的会再回来。

真真假假，戏外人生。《春光乍泄》的最后，何宝荣一定希望黎耀辉会再回来，可在现实中，梁朝伟永远失去了张国荣这个老朋友。

以上是那么多与张国荣共事的领导、合作的朋友对他的印象，可他眼中的自己是什么样的？大概都会想到那句，“我就是我，是颜色不一样的烟火。”

林夕说，他这辈子最光荣的一件事就是为哥哥写了这首歌。张国荣对这首歌有着近乎偏执的喜爱。在 2000 年“热·情”演唱会上，他每场都要唱两遍，中场一遍，终场又一遍。

我喜欢我，让蔷薇开出一种结果。

孤独的沙漠里，一样盛放的赤裸裸。

多么高兴，在琉璃屋中快乐生活，对世界说，什么是光明和磊落。

我就是我，是颜色不一样的烟火，天空开阔，要做最坚强的泡沫！

……

著名音乐人高晓松说，林夕确实很难得，那一句“我就是我，是颜色不一样的烟火”并无什么特别，但紧接着一句“天空开阔，要做最坚强的泡沫”确是有让人感觉眼前一亮，犹如峰回路转。

这首歌简直可以完全代表张国荣这个人。现在，不论哪个后辈要向他致敬或是有歌手参加选秀，唱他的歌，十有八九会是这首《我》。

自以为，一个歌手一生能有一首如此贴近自我性格和品质的歌，已经算是万幸。而这首歌对于张国荣来说，又是相当必要的——难道一个有个性的艺术家，不该有这么一首同样有特色的歌曲吗？

祝福我们心中的偶像吧，永远的偶像。

一如林夕最后为哥哥所写的文字，“如露如电、如幻如花的张国荣，在万人注目下一直流动如风。散聚有时，风光无限。感激完美主义者哥哥为我们吹遍千娇百媚的风潮。有空气就会有风，风会继续吹。”

是的，有空气就会有风。风会继续吹。

愿你已放下，常驻光明中

“对我来说，张国荣的离去意味着我写某种东西的机会永远都没有了，我很难说明是哪一种东西，当时写作的时候就像在一个没有边际、没有岸的海里游泳一样，这种体验在他逝去后就没有了。虽然很多人也给了我这种自由度，比如说我给陈奕迅写词，也是写得很放，可是跟张国荣是不一样的。因为有时候我们创作歌词也是看艺人来创作，某些艺人会给我一种生命力，有这种生命力在，我就可以写出与众不同的东西，这个人不在，那一部分的生命就永远失去了。”

“他是寂寞高手，一个人在山上舞剑，也没有什么人跟他对剑。”

——林夕

陈奕迅说张国荣是他的偶像，曾被哥哥好心劝说戒烟，很久都没成功，张国荣最后跟他说，“你声音那么好，别吸烟了，你看我都不吸了。”这次，陈奕迅乖乖听话了。

最后一次与张国荣合作，是在2003年梅艳芳的最后一场演唱会上，俩人合唱了那首《有心人》。

2003年4月1日，张国荣跳楼自杀的消息传到伦敦，与他一度有密切合作的C. Y. Kong听到消息，痛心不已，立即创作出了一首名为《Depression》的歌（是不是感觉很眼熟，这是张国荣自杀前所留遗书的第一个英文单词），以表达自己听到好友噩耗时的震撼、悲痛与不解。

这首歌后经黄伟文重新填词，变成了陈奕迅众多作品中的一首很有分量的歌曲——《浮夸》。虽然改过的曲风与先前C. Y. Kong的创作初衷大相径庭，但陈奕迅还是凭借扎实的唱功将其唱红。

在这首歌之后，C. Y. Kong曾说，“Tome，this demo will always be dedicated to Leslie。”

无疑，这是献给张国荣的歌。

喜欢和关注陈奕迅的歌迷里，一定能发现他的不少作品里都存在张国荣的影子，比如《好久不见》（以及粤语版〈不如不见〉），陈奕迅在《浮想联翩张国荣》的纪念音乐会上说，他觉得这首歌便是为哥哥所写，如果是张国荣本人来唱的话，效果一定会更好，因此也在刻意模仿“我多么想和你再见一面，听听你最近改变”；比如刚才说到《浮夸》，每次拿来听还是觉得里面携带莫大的悲伤。而最值得讲就是这首《不求人》，是明明白白林夕为纪念张国荣而写的。

“请你不必担忧，我会紧记你的心不会死。请你不必伤悲，永远都不变爱你。踏破多少荒草，度过几多里旅途，想知道今天你过得多好。请你公开天机，快告知我如何看破生死。请你挑选胜地，我有天总会见你，每个人都总会见你。”

2004年，在张国荣去世一周年后，林夕仍旧心痛难忍，回首往昔，特意写了这首歌代表全香港热爱他的人送给他。经由陈奕迅婉转恰当的演绎，这首歌听起来很出彩。加上他本身对张国荣一直怀有崇敬之情，因此每次唱这首，必是全情投入。他认为“继续张国荣”这五个字改的很好，像张国荣身上所具备的那种为了艺术贡献一切的高贵品格，理应万世流传千载流芳。

以前有人形容陈奕迅，“被天使吻过的声音”。看他能将林夕写的细腻情歌演绎出自己独特的味道，回想这种说法确也有一番道理。而一个很奇怪的现象是，很多张国荣的歌迷，也都会很欣赏陈奕迅。似乎冥冥中，这两人在演唱方面还有着相似的地方，也许是因为他们本身对待音乐，都是有很高要求和追求的吧。

而站在陈奕迅背后的，亦是有两位作词作曲界的大咖：C. Y. Kong 和林夕。当年，他们两位也是张国荣的合作伙伴。

对比张国荣与陈奕迅，同样对待音乐有着执着的追求；同样优秀的歌曲创作阵容，同样的高傲却平易近人，甚至于面对歌迷同样脸上永远洋溢着温暖的笑……

在陈奕迅刚刚大红之初，很多人都盛赞他是“歌神”张学友的接班人，因为他的出现救场如救火般扭转了香港华语流行歌坛逐渐走向颓靡的趋势，像一道闪电，曙光乍现，不但能够驾驭各种风格，更凭借出色的现场歌唱功底征服全球华人。但实际上陈奕迅翻唱的最多歌曲不是来自张学友，而是哥哥张国荣。

2012 年，在环球唱片举办的一场名为《浮想联翩张国荣》演唱会上，陈奕迅通过升降台演唱了一首《最冷一天》向自己的偶像致敬，歌声婉转，情绪到位，有那么一瞬间仿若张国荣亲临。

虽然，连林夕自己都曾说，香港也许很难真的再出另外一个张国荣。但陈奕迅的出现，不管怎样也都算小小弥补了下华语乐坛失去那样一位闪耀巨星的莫大遗憾。

还有后来的《黑择明》，亦是 C. Y. Kong 和林夕共同创作的经典之作，说起来不无遗憾，据说这首歌原本 C. Y. Kong 打算写给张国荣演唱的，但却因种种原因未能实现，直到他离世。

噩耗发生后，林夕在进行创作时，将自己对张国荣的思念之情渗入其中，之所以给这首取名《黑择明》，亦是因为他是张国荣生前最敬重的一位导演。

> 他不姓黑，不怕黑，选了光
>
> 叫最暗黑的戏院，发出光
>
> 临行仍不肯撒手
>
> 拍出一片彩色，给仰望
>
> 他很有心，很会讲，黑暗中
>
> 老百姓怎么发出，热与汗
>
> 人又有几多怕光
>
> 要急于往花瓣下，被探望

关于这首歌的创作背景，还曾流传这样一个耐人寻味的故事：当时，香港有个电台 DJ 因不能承受母亲突然离去的沉痛打击，选择自杀结束生命，但幸好及时被人发现并最终救活，听到这件事，林夕联想到张国荣自杀的事情，深有感触，于是写了这首歌。

2009 年，香港的“十大劲歌金曲”颁奖典礼上，林夕在接过“终身成就奖”奖杯的时候，为大家讲述了这个动人的故事，他当时真的没有想到，自己一首未能完成的歌曲竟有如此大的威力，可以帮助一个人放弃自杀的念头！震撼于此，余思深深。

怪不得林夕后来这些年每每想起已经离开人世的张国荣，都是满心的自责与愧疚；怪不得他后来有意将一些情歌写得不那么悲伤、阴郁；也怪不得他在去年纪念张国荣去世十周年的演唱会现场，当镜头给到他时，早已泪流满面、泣不成声。

2003 到 2013。

整整十年，

整整十年！

时光改变了什么？又留下些什么？这世上的故事万万千，谁的身边不曾有一两个永远难以忘怀的人？很多时候，爱他、敬他的人一定都愿意相信，他在另个世界，会是好好的，再也不求人。

像这样的致敬，陈奕迅做过很多次，几乎每年都有。

从最初翻唱他的《寂寞夜晚》，到 2012 年作词人黄伟文的作品展演唱会上与何韵诗合作《芳华绝代》……犹如一年一次甚至一年几次的例行纪念，始终怀着满满的敬意。

而在这首最为著名的《不求人》里（虽然当年歌曲刚出炉时因个别原因没能大红），陈奕迅是以一位老朋友的身份在与身在天堂的哥哥话家常，问他在那边过得可好，劝他放下尘世里的烦恼，希望他继续快快乐乐的生活。

整首歌听起来温柔有力，感情也渲染得恰到好处，并没有因为是悼念的性质而落入用情过猛的俗套。

每年的 4 月 1 日，王菲都会在微博上祈祷，“愿你已放下，常驻光明中”。

我想，若是他能听到这些旧日老友的心声，能知晓陈奕迅能以婉转迷人的声线继续延续着香港乐坛的辉煌，那么，他亦会真的从此开朗豁达，常驻光明中吧。

后　记

春光该很好，你若尚在场

——写在 2014 年 4 月 1 日前

也没有很久以前。是在前年很偶然的一次契机，电视上放他的《风继续吹》，被吸引，被感动，尘封的心门忽然打开，一阵清爽干净的风吹进来，心花乱坠，一发不可收拾，这么多年没有所谓偶像，没有为除亲人外谁的离开而痛彻心扉，可终于还是在将近而立之年，奋不顾身、义无反顾做了他的迷。

从此，床头堆满他的传记；耳边充斥他的歌声；电脑屏幕里，常常流动着他的光影年华。可还不够，去加了很多荣迷群，去论坛上看前辈们为他写的文，去厚着脸皮要了几个群主的电话，像小尾巴一样求人家凡举行“宠爱”活动务必相告……。

渐渐地，知道了他很多故事，知道了他身边很多好朋友以及这些好朋友的故事，知道了他的前世今生，了解他是怎样一个人。

这个人，从身边最亲密的爱人口中说出来，从林夕口中说出来，从资深荣迷的灰口中说出来，皆是“真、善、美”。

想到美好如斯的人，竟……眼泪刹那决堤。

听过许多歌，遇过许多人，可从来没有一个能像他这样，一头扎进我心底，一个回首一次回眸，就掀起狂风巨浪，直打得心魂不定，念兹在兹。

从此，每年有两个月伤心痛悲到不能自已；从此，余生每个清晨第一刻，在心里默念努力做他想要我们做的那种人；从此，何惧前尘路茫茫，全心默默争上游！

2013 年 9 月 11 日晚 10 时，北京后海，银锭桥月华如水，湖面星光点点。没有奔走相告，没有特别提示抑或其他通告，竟于几个群里荣迷相遇“左岸”酒吧门前。这才知道，群主嫚姐开车带了生日礼物为哥哥庆生。

黑色轿车驶过，在距离我三米开外的过道停下。嫚姐从车上走下，开启后备箱，车盖打开，满满的带着庆祝意味的盒子堆得到处都是，生日蛋糕、红酒、几打白色蜡烛，最上面铺满了哥哥各个时期的音乐海报、电影海报……忽然，“咦？那不是我们4·1做活动时拉的两块大红绸吗？一条上写‘张国荣十周年纪念，风继续吹’另一条写‘Leslie，Miss You very much！’”

嫚姐出钱包了场地，吩咐大家把东西全部拿过去。几个人也都不用分配，纷纷抢着布置，我和朋友拆了一盒蜡烛，拿起打火机一个个点燃，在地上摆出他的英文名字，“Leslie”！期间有些因个人审美角度而摆放不正，大家又换了重新布置，非要把名字摆得端端正正，就像他在我们心内留下的形象，善良，正直。

150根蜡烛全部点燃，场地中间一个巨大的“Leslie”跳脱呈现，璀璨烛火，照得人心里敞亮。而另一边，嫚姐亦和其他荣迷布置好“生日宴会”——桃子、苹果、葡萄搭成的水果拼盘，插着“1956”字样的生日蛋糕，哥哥生前最爱喝的红酒（虽然真的买不起他喜欢的那个牌子）……

一切准备就绪。大家手拉手围成一个圈，屏息静待那神圣的一刻降临。没有一个人说话，心里全部怀着满满的诚意。

不知过了多久，忽然有人悄悄唱起歌，“祝你生日快乐，祝你生日快乐……”一个人，两个人……越来越多的声音加入，轻声附和，直到整个现场集体大爆发。不知道谁先流了眼泪，望着那团跳动的巨大烛火，我的眼泪早已按捺不住，形容像断了线的珠子会不会超俗气，但也顾不得形象，一头扎进泪海里去。

旁边的女孩，瘦小的个头稚嫩的肩膀，紧闭着双眼颤巍巍地念着，“十二点了，哥哥你来了吗？你看到我们在给你过生日了吗？”

我再一次泪崩。

许了愿。下一个环节是祈福，燃放孔明灯。

这要两个人一起配合才好，一人稳稳地端平待它体内充满空气，一人拿着蜡烛点灯芯。当第一盏孔明灯徐徐上升，缓缓飘向天际之时，人群中有人冲着那夜空大喊，“哥哥张国荣，你要永远幸福!”于是，大家也就跟着一起喊，有多大力气使多大力气，像要把整整一年、两年甚至十年积压的对他的思念，全部倾泻而出！

整个广场，此起彼伏的，一声接一声，都是发自肺腑地对他最深切的祝福，我也在心里默默祈祷，“哥哥，你要快乐，你要幸福，一定一定!”

我们的喊声、广场上的火光吸引了很多游客驻足。其中有位外国友人，他认识那个闪亮的英文名字但对不上人，嫚姐立即拿了一张哥哥“跨越97”时的演唱会海报凑上前指给他说，“就是他，张国荣，我心里的大明星，我们永远的骄傲!”他听到后眼神一紧，竟伸手将这张海报小心靠着一块石头摆正，双膝跪地，对着它毕恭毕敬地磕了一个头。

我们都笑了。嫚姐分他一块为哥哥准备的生日蛋糕。这个身形高大、满嘴络腮胡子的外国友人吃得很开心，吃完还和我们放了一盏孔明灯，最后合影留念。

走的时候，我分明听见他用英文说，“Very nice，Very nice!”

送走外国友人，广场对面突然放起了哥哥的《倩女幽魂》，不用猜，又是嫚姐花钱雇下了一套演唱设备。整个活动现场，她一直很享受地忙碌着，就连背后新裙子的拉链蹬开都没在意，而是让我去她车里帮忙拿件长外套随便一披，继续埋头干活……

好朋友不算一个正宗荣迷，但他一直欣赏张国荣的音乐和为人，于是二话不说跑到对面，点了一首歌。当《明星》前奏响起，竟引发了一次热闹的全场大合唱，“当你看到天上星星，可会有想起我?”

每个人都紧皱着眉头，认真地在心里作答，“有，有，每次都有。”

眼泪，祈祷，伴随漫天的孔明灯，消失在那个深邃但却注定不静谧的黑色夜空中。

这中间我还新认识了一个朋友，她说从看到“Leslie”字样的蜡烛，她就知道我们是一群怎样的人。她就一直望着我们，坐在角落默默流泪。但现在她想加入我们，跟我们一起为最爱的人送去祝福。我于是轻轻地拉住她的手，有些冰凉，可透着相思的余温。

如果不是恰好喜欢了张国荣，我不会相信，从未谋面的两个人可以一刹那亲密得好似多年老友。鼻涕、眼泪，大家都是一块儿流，相思之情亦都同声诉，这样亲密的感觉，于我生命的前二十八年都未曾有。

今夜，遇到你们，何其荣幸；

今生，遇到哥哥，何其荣幸！

充盈思念的生日宴会结束于一片祝福声中，然而2014，宠爱仍会继续，像林夕说的，“有空气就有风，风会继续吹。”

谨以此书献给华语乐坛、影坛永恒的经典

献给全球亿万荣迷

2014，让我们继续宠爱·张国荣！